王小燕 阮坚 编著

金融企业经营沙盘模拟实验教程

清华大学出版社

北京

内 容 简 介

本书是金融 ERP 省级实验创新团队研发的金融 ERP 沙盘课程配套教材。全书分为理论篇和实战篇两部分。其中,理论篇主要介绍了沙盘学习的知识准备,包括商业银行的战略管理、资本管理、资产负债管理、风险管理、经济资本管理、财务报表、监管等内容。实战篇主要介绍了金融企业经营沙盘的功能和模拟活动,通过组建模拟银行,引导学生认知商业银行战略规划部、计划财务部、业务部、资金市场部、市场营销部等内部部门的工作以及监管部门、税务部门等外部经营环境。通过六期模拟经营,了解商业银行的业务管理流程和决策过程,理解商业银行的价值创造过程,同时掌握财务报表、风险报表、监管报表等报表的编制。

本书遵循"体验—分享—提升—应用"的体验式教学模式,着重培养学生的系统思维能力、学习能力以及分析问题、解决问题的能力,提高学生的团队协作意识。书中包含大量的银行管理案例以及学生的实验案例,可作为金融专业沙盘实验课程的指导教材和操作手册,也可用于银行从业人员的培训。

图书在版编目(CIP)数据

金融企业经营沙盘模拟实验教程 / 王小燕,阮坚 编著. —北京:清华大学出版社,2018
(2022.1重印)

ISBN 978-7-302-50629-4

Ⅰ. ①金… Ⅱ. ①王… ②阮… Ⅲ. ①金融企业—企业经营管理—计算机管理系统—教材 Ⅳ. ①F830.2-39

中国版本图书馆 CIP 数据核字(2018)第 154757 号

责任编辑:崔 伟 高晓晴
封面设计:常雪影
版式设计:方加青
责任校对:牛艳敏
责任印制:丛怀宇

出版发行:清华大学出版社
　　　　网　　　址:http://www.tup.com.cn,http://www.wqbook.com
　　　　地　　　址:北京清华大学学研大厦 A 座　　　　　邮　　编:100084
　　　　社 总 机:010-62770175　　　　　　　　　　　　邮　　购:010-62786544
　　　　投稿与读者服务:010-62776969,c-service@tup.tsinghua.edu.cn
　　　　质 量 反 馈:010-62772015,zhiliang@tup.tsinghua.edu.cn
印 装 者:三河市铭诚印务有限公司
经　　销:全国新华书店
开　　本:170mm×240mm　　印　　张:15.25　　字　　数:184 千字
版　　次:2018 年 8 月第 1 版　　印　　次:2022 年 1 月第 4 次印刷
定　　价:49.00 元

产品编号:078233-02

序

　　在经历了四十年的高速增长后，中国经济正步入增长换挡期、结构调整阵痛期、前期刺激政策消化期"三期叠加"的新阶段。金融业由粗放型高增长时代向稳健发展态势转变，同时行业发展也出现体制改革、健全多层次资本市场和大力发展普惠金融的趋势。随着金融业在中国的持续发展，特别是创新业务、创新模式的拓展，市场对金融人才的需求日益高涨，对人才和技能的需求也发生了重大改变。罗兰贝格管理咨询公司发布的《2016年中国金融行业人才发展报告》指出，市场对金融人才的需求将表现为复合型、专业化和创新型三大趋势。普华永道对金融业 CEO 的一项调查显示：除专门的业务能力外，解决问题的能力、协作能力、领导能力、风险管理能力、适应能力、创造和创新能力被企业认为是最重要的六大能力。

　　金融行业的快速变化，对高校的人才培养提出了新的要求，传统的"知识传授型"教学模式已经无法适应各行业对人才的需求，高校亟需进行金融人才培养的供给侧改革。为强化学生的能力，进入金融机构开展认知实习和专业实习成为人才培养中非常重要的教学环节。但金融企业与一般企业不同，出于安全性与保密性的考虑，为学生提供的实习岗位主要集中在柜台等前台操作业务岗或大堂等产品营销岗，学生很难进入中后台核心部门与岗位，这就导致学生对金融企业难以建立系统性认知，更难有机会接触体现金融企业核心业务的风险管理、资本管理、财务管理等实务工作。2018 年 4 月 9 日，中国银行业首家"无人银行"——中国建设银行上海市分行的"无人银行"正式亮相，通过充分运用生物识别、语音识别、数据挖掘等最新金融智能科技成果，全程无须银行职员参与办理业务，实现了高度的"智能化"。专家预见，未来 90% 以上传统网点的业务将由"无人银行"承担，这将给前台的柜员带来巨大的职场生存压力。因此，为学生提供银行中后台业务实践教学平台，对提升学生能力，满足金融行业人才需求具有重要意义。

虽然在真实的情景中更有利于学生实践能力与创新能力的培养，但是受制于金融机构难以为学生提供充足的高质量实习岗位的现实问题，利用仿真计算机技术模拟真实的工作场景和业务活动开展的仿真实验教学成为高校培养学生能力的必然选择。2011 年，基于"将金融机构搬进校园"这样一个朴素想法的提出，我和我的团队走上了金融实验教学项目研发与设计这条虽历经坎坷但又充满乐趣的漫漫长路，更没料到这样一做就是七年，其中，金融 ERP 沙盘就是研究成果之一。但是大家不但没有感受到"七年之痒"带来的无聊乏味和倦怠，反而在每次教学完成后，在学生发自肺腑的感谢中，在众多兄弟院校的肯定和支持中，感受到了坚持的意义，也更加坚定了不断完善课程设计方案、开发更多与课程匹配教学资源的决心。基于互联网思维，我们团队通过应用微信公众号、课程资源平台、QQ 平台等网络方式实现课程资源的开放与共享。

作为一门综合仿真实验课程，我一直在思考究竟应该教什么、怎么教。

首先，教什么。20 世纪 80 年代以来，美国高等教育领域启动了两项旨在提升大学教育质量的重大改革运动——大学教学改革运动和学习成果评估运动，直接推动了大学从"传授范式"向"学习范式"的转型。"学习范式"强调"以学生发展为中心、以学生学习为中心、以学习效果为中心"。"学习范式"把学生学习放在教学过程的核心位置，重在学生能力的培养。受"学习范式"的启发，我们在该课程的教学设计中倡导把课堂还给学生，教师是课堂教学活动的设计者、引领者、组织者，学生在课堂中完成自主、合作、探究等多样化学习。教师旨在帮助学生建立系统思维，鼓励学生由看片段到看整体，从对现状作被动反应，转为创造未来系统思考；通过任务活动设计培养学生应用专业知识解决问题的能力，在提高学习能力的同时，引导他们对专业理论知识的热爱。

其次，怎么教。1984 年，大卫·库伯 (David Kolb) 首次在其著作《体验学习：让体验成为学习和发展的源泉》(*Experiential Learning: Experience as the Source of Learning and Development*) 中提出了"体验学习"这一概念。库伯提出了体验学习模型，每一个有效的体验学习情境都包含了四个要素：具体的经验、观察和反思、形成抽象的概念、在新情境中检验。学习的起点或知识的获取首先是人们的直接经验或间接经验，然后对获得的经验进行反思，依据一定的知识背景，具有一定理论概括能力的人会对反思的结果进行系统化和理论化的总结，进而从经验中形成自己的抽象概念。最后，"在新情境中检验"这一阶段也是对知识的应用和巩固，如果在这一阶段发现有新的问题，会促使学习者进行下一个学习循环。遵循体验式教学模式，本课程尽可能仿真现实的银行经营环境和经营活动，并采用沙盘推演的游戏化博弈方式使学生在竞争合作中体验商业银行不同管理部门和岗位的工作，这种寓教于乐的游戏化方式更能激发学生的学习动机，调动学生的学习热情。"纸上得来终觉浅，绝知此事要躬行"，学生在体验式学习过程中将知识内化，并享受着决策中"山重水复疑无路，柳暗花明又一村"带来的乐趣。

在教学中，我们强调两个结合：理论与实践相结合，模拟和现实相结合。但在教学过程中，发现学生由于专业知识的欠缺和遗忘致使不能够很好地胜任模拟角色、完成模拟任务，因此特意编写了这本指导教材，以便学生通过教材指导做到理论与实践相结合，达到更好的学习效果。在教材内容安排上突出以下两点：

第一，系统性。教材内容以商业银行经营管理活动为主线，主要包括银行战略管理、资本管理、资产负债管理、风险管理、经济资本管理、财务报表、外部监管等内容。通过理论知识的系统性学习，建立起对银行运营管理的系统观。

第二，应用性。一是教材中安排了大量的算例、案例，通过对算例、案例的学习，使学生更好地消化专业知识，提升知识应用能力。同时，以中国银行作为研究案例，将其 2016 年披露的年报信息贯穿在本书各章节中。二是节选了以往学生的部分实验报告作为范例，让学习者通过研读他人的运营经验快速提升自己的运营能力。

本书能够顺利完成，得到金融 ERP 实验创新团队成员的大力支持。感谢李挺、田小丹、蔡敏蓉老师悉心校稿，感谢参与本书资料收集工作的梁梓涛和陈诗韵同学。

由于水平有限，书中的疏漏和不足甚至错误之处在所难免，希望广大读者多提宝贵意见，以便日后充实与完善。

本书得到以下项目资助：广州市教育教学改革研究重大招标项目"以'互联网＋学分制'推进金融 ERP 实验教学资源共享的路径创新与实践"(2017D03)；广东省教学团队"金融 ERP 实验教学创新团队（粤教高函 [2017]214 号）"。

王小燕

2018 年 6 月

目录

第1篇
理论篇

第 2 篇
实战篇

第 1 篇　理论篇

第1章

商业银行概论

商业银行是现代金融体系中最重要的机构之一，它的基本职能主要体现在信用中介、支付结算、信用创造和金融服务四个方面。作为一类经营货币的特殊企业，商业银行的经营目标就是通过业务发展与风险管理的有机协调，实现业务组合风险与收益的匹配，实现银行价值最大化，进而实现股东价值的最大化。

1.1　商业银行的概念与经营目标

1.1.1　商业银行的概念

商业银行是市场经济的产物，是现代金融体系中最重要的机构之一。"银行"一词的英文为"bank"，原为"储钱柜"的意思。最初的银行专门从事短期性商业融资，其业务对象主要是商业企业，因此得名"商业银行"。

在我国，商业银行是指依照《中华人民共和国商业银行法》(以下简称《商业银行法》) 和《中华人民共和国公司法》(以下简称《公司法》) 设立的吸收公众存款、发放贷款、办理结算等业务的企业法人，其中，设立全国性商业银行的注册资本最低限额为 10 亿元人民币，设立城市商业银行的注册资本最低限额为 1 亿元人民币，设立农村商业银行的注册资本最低限额为 5 000 万元人民币。注册资本应当是实缴资本。

商业银行是依照法律设立的一类金融企业，它拥有经营所需要的资本金，依法合规经营，自主经营、自负盈亏、自担风险，追求利润最大化。商业银行的业务对象是金融资产与金融负债，经营的是货币和货币资本这样的特殊商品。

1.1.2　商业银行的经营目标

一家不能持续创造价值的商业银行注定会被市场淘汰。外部经营环境的转变，要求商业银行必须改变原来建立在高资本消耗上的

"以规模效益为中心"的粗放式经营管理模式，将价值管理的理念引入银行的经营管理中，通过应用现代管理方法和管理工具，实现对商业银行的精细化管理，努力增强价值创造能力，不断提升价值水平。

价值管理的核心就是强调业务发展与风险控制的有机协调，实现业务组合风险与收益的匹配。价值管理的目标就是要通过价值管理手段，实现企业价值最大化，进而实现股东价值的最大化。一方面，价值管理强调控制风险，要求通过提升风险管理水平，保证各项业务的发展都有充足的经济资本可以覆盖风险；另一方面，价值管理又是促进业务发展的基础。价值管理不是单纯地排斥风险，而是排斥以过度风险为代价的"非健康"发展。银行只有将价值管理作为重要的标准依据，才能实现健康的、可持续的发展。

1.2 商业银行的基本职能与经营原则

1.2.1 商业银行的基本职能

商业银行的基本职能主要体现在下面四点。

1. 信用中介

信用中介是商业银行最基本、最能反映其经营活动特征的职能。商业银行通过负债业务，把社会上各种闲散资金集中起来，再通过资产业务，将其投向社会各经济部门或个人。商业银行通过信用中介职能实现资本盈余与资本短缺之间的融通，它不改变货币资本所有权，而是通过改变使用权，实现对社会经济运行的调节。

2. 支付结算

商业银行是政府、企业和个人的货币保管人、出纳人和支付代理人。商品社会中，企业和个人的商品劳务交换与消费是通过货币支付来完成的，商业银行通过存款在账户上的转移，为客户办理货币支付与收付、货币结算等；在存款基础上，为客户兑付现款等。

3. 信用创造

商业银行在信用中介职能和支付中介职能的基础上，产生了信用创造职能。商业银行将吸收的各种存款发放贷款，在支票流通和转账结算的基础上，贷款又转化为存款，在这种存款不提取现金或不完全提取现金的基础上，就增加了商业银行的资金来源，最后在整个银行体系形成数倍于原始存款的派生存款，这就是商业银行的信用创造功能。

4. 金融服务

现代化的社会生活，从多方面给商业银行提出了金融服务的要求。由于联系面广，信息比较灵通，特别是计算机在银行业务中的广泛应用，使其具备了为客户提供信息服务的条件，可以对企业提供咨询服务。工商企业生产和流通专业化的发展，又要求把许多原来的属于企业自身的货币业务转交给银行代为办理，如发放工资、代理支付其他费用等。个人消费也由原来的单纯钱物交易发展为转账结算。同时，通过金融服务业务的发展，与客户建立广泛联系，进一步促进资产负债业务的扩展，并把资产负债业务与金融服务结合起来，开拓新的业务领域。

1.2.2　商业银行的经营原则

作为经营货币的特殊企业，商业银行在经营过程中需要坚持资金的"三性"原则，即安全性、流动性和盈利性。

1. 安全性

安全性是指商业银行承受风险的能力，也就是收回投资本息的程度。"安全性"包含两重意义：一是商业银行比一般企业的杠杆率高得多，经营中承受不了巨大损失。只有投入的信用资金能够在不受损失的情况下如期收回，才能够确保商业银行自身的正常运营和发展；二是商业银行的负债有硬性约束，既有利息支出的约束，又有到期还本的约束，商业银行不会出现因贷款本息不能按期收回而影响客户提取存款的情况。

2. 流动性

流动性是指商业银行可以在任何时候以合理的价格筹措到资金以满足自身的资金需求。商业银行的流动性不仅表现在能够满足存款人的提现需求，也能满足借款人的借款需求。因此，商业银行要根据资金流动性变化规律，运用一定的预测分析工具对未来的流动性需求和供给做出正确估计，并做出适当的资金安排。

3. 盈利性

盈利性是指商业银行获取利润的能力。作为企业，商业银行从事的业务活动必须要坚持盈利性。商业银行的利润主要受三个方面的影响：第一，资产收益和资产损失；第二，资金成本；第三，其他业务收支。所以，要实现盈利，商业银行就必须开源节流，增加资产的收益和其他业务收入，减少资产损失、降低资金成本、减少其他业务支出。

此外，商业银行在经营中还需做到安全性、流动性、盈利性三者的平衡。其中，资金的盈利性是核心，资金的安全性和流动性是实现盈利性的基础。离开资金的盈利性，资金的安全性和流动性就会失去存在的价值；但离开资金的安全性和流动性这两个基础，资金的盈利性也就无法实现。

1.3　商业银行经营范围与主要业务

1.3.1　商业银行的经营范围

根据我国《商业银行法》的规定，商业银行的经营范围主要包括以下几个方面：

(1) 公众存款；

(2) 发放短期、中期和长期贷款；

(3) 办理国内外结算；

(4) 办理票据贴现；

(5) 发行金融债券；

(6) 代理发行、代理兑付、承销政府债券；

(7) 买卖政府债券；

(8) 从事同业拆借；

(9) 买卖、代理买卖外汇；

(10) 提供信用证服务及担保；

(11) 代理收付款项及代理保险业务；

(12) 提供保管箱服务；

(13) 经国务院银行业监督管理机构批准的其他业务。

1.3.2　商业银行的业务分类

1. 按业务资金来源

按业务资金来源不同，商业银行业务可分为负债业务、资产业务以及中间业务。

(1) 负债业务

商业银行形成资金来源的业务即负债业务，主要包括主动负债业务和被动负债业务。其中，主动负债业务指的是商业银行的非存款业务，主要包括长期债务资本、各种借款等；被动负债业务主要包括各种存款。两者的区别主要在于银行的自主权，即主动负债是银行可以自主决定是否负债，自主确定负债水平和债务偿还事项，自主选择债权人，以达到改善银行财务杠杆的目标；而被动负债则是银行只有规定利率的权限，没有其他权限。

(2) 资产业务

商业银行通过对其资金加以运用，从而形成其各项资产的业务称为资产业务。主要包括贷款业务、证券投资、票据贴现、金融租赁和其他资产业务。资产业务是商业银行的主营业务，也是商业银行利润的主要来源。

(3) 中间业务

不构成商业银行表内资产、表内负债，形成银行非利息收入的业务称为中间业务。根据中国人民银行的参考分类及定义，中间业务主要包括支付结算类、银行卡类、代理类、担保类、承诺类、咨询服务类、交易类、基金托管类、其他类九大类别。

2. 按业务服务对象

按业务服务对象的不同，商业银行的业务可分为零售银行业务、批发银行业务和同业业务。

(1) 零售银行业务

以自然人或家庭及小企业为服务对象，提供存款、融资、委托理财、有价证券交易、代理服务、委托咨询等各类金融服务的业务。

(2) 批发银行业务

以大企业、事业单位和社会团体为服务对象，提供如银团贷款、收购兼并、公司项目融资和证券承销等综合性的金融服务，涉及的金额一般较大。

(3) 同业业务

以金融同业客户为服务与合作对象，以同业资金融通为核心的各项业务。

3. 按业务币种

按经营业务币种的不同，商业银行的业务可分为本币业务和外币业务。

(1) 本币业务

本币业务指人民币业务。

(2) 外币业务

外币业务包括外币交易和外币报表折算。其中外币交易是指企业以非记账本位币进行的收付、结算等业务。外币报表折算是指为满足特定的目的，将一种货币单位表述的会计报表换算成所要求的另一种货币单位所表述的会计报表。例如，以人民币以外的货币进行存款、贷款、结售汇、外汇买卖及往来结算等业务的外汇业务。

|本章小结|

1. 商业银行经营管理的目标是实现银行价值最大化，即股东权益最大化。

2. 商业银行经营管理要坚持资金的安全性、流动性和盈利性，即"三性"原则。

3. 商业银行的业务主要分为负债业务、资产业务以及中间业务。

实训练习

调研一家上市银行披露的最近一期年报，了解该商业银行的财务信息和主要业务构成，并填入表 1-1 所示的银行业务类型表中。

表 1-1　银行业务类型表

一级项目	二级项目	三级项目
负债业务		
资产业务		
中间业务		

注：表格可增加行数。

第2章

商业银行战略管理

未来学家阿尔文·托夫勒 (Alvin Toffler) 认为，对于没有战略的企业来说，就犹如在险恶的天气条件下飞行的飞机，始终在气流中颠簸，在暴风雨中穿行，最后很有可能会迷失方向。即使飞机有幸不坠落，也有耗尽燃料之虞。

2.1 战略管理概述

2.1.1 战略的内涵

任何企业要可持续发展，战略是首要问题和核心问题。"战略"思想最初主要应用于军事领域，战争中讲究谋略，而谋略通常有两种，一是战略，二是战术。前者具有全局性、长期性、整体性的特点；后者具有局部性、短期性、具体性的特点。1965 年，美国学者伊戈尔·安索夫在其《公司战略》一书中首次将"战略"一词引入企业领域。所谓企业战略，是关于企业可持续发展的长期性、全局性计划，是企业为确立并实现长期目标而必须采取的战略措施及保障机制的总和，其实质是一个不断适应环境变化的动态、理性和主动的选择。

20 世纪 60 年代以来，商业银行赖以生存与发展的外部经营环境发生巨变，由于信息技术革命和社会经济结构发生重大变化，致使其经营压力加大，面临的不确定性因素增加。传统的管理模式显然已经不能适应商业银行发展的需要，商业银行战略管理开始受到银行管理者的重视，从而发展成为现代企业战略管理体系中的重要分支。

2.1.2 战略的特征

商业银行战略关乎银行发展的长期性和全局性谋划，它具有以下几个主要特征。

1. 导向性

战略明确了商业银行的经营目标与愿景、经营方针和行动指南，在企业整个经营管理活动中起着导向性作用。

2. 长远性和稳定性

"人无远虑，必有近忧"。战略着眼于对商业银行长期生存与发展的思考，围绕目标愿景，战略的实现必须经历一个持续、长远的奋斗过程，同时，制定的战略通常不能朝令夕改，要具有一定的稳定性。

3. 竞争性

面对竞争，商业银行需要通过对内、外部环境进行分析，从而明确自身优势，确定自己的市场定位及经营模式，并在市场中形成一定的竞争优势。

4. 风险性

商业银行做出任何一项决策都存在一定的风险，战略决策也不例外。市场研究深入，行业发展趋势预测准确，设定的目标客观，各战略阶段的人、财、物等资源配置得当，战略就能引导企业健康、快速地发展；反之，仅凭个人主观判断市场或对行业的发展趋势预测偏差较大，制定的战略就会产生管理误导，甚至给商业银行带来破产的风险。

5. 动态性

战略是商业银行对未来发展的预测，由于所处的外界环境复杂多变，致使战略决策中必然面临众多不确定性，因此战略需要随着环境的变化不断做出动态调整。

2.1.3　战略体系的构成

从总体上看，商业银行战略是一个战略体系，它不仅包括整体层面的总体战略，而且还包括业务条线层面、职能层面和运作层面的战略等。

1. 总体战略

总体战略是指最高管理层指导和控制商业银行一切行为的最高行动纲领，包括银行经营目标与发展方向、价值观等。

2. 业务条线战略

业务条线战略是指在总体战略指导下的商业银行各分支机构与部门级战略。

3. 职能层战略

职能层战略是指为贯彻、实施和支持银行总体战略与业务条线战略，银行特定的职能管理部门制定的战略，主要包括市场营销战略、风险管理战略、人力资源管理战略、财务管理战略、信息技术发展战略、产品创新战略、品牌管理战略等。

4. 运作层战略

运作层战略是指为保障银行经营管理正常运行而提供的操作性、基础性支持的战略。

组成银行战略体系的四个层级战略之间是相互联系、相互配合的，上一层级战略构成了下一层级战略的环境，同时下一层级战略又为上一层级战略的实现提供支持和保障。要实现商业银行的战略目标，管理者就必须把四个不同层级的战略整合起来考虑。

2.1.4 战略管理的内涵

战略管理是商业银行根据自身资源与外部环境变化，为实现一定时期经营目标(特别是中长期目标)而实施的一系列资源配置及相关经营管理行为组织与实施的决策和活动。通常，战略管理过程包括四项活动：

(1) 战略分析，主要是了解商业银行所处的环境及相对竞争地位；

(2) 战略选择，主要包括战略制定、评价和选择；

(3) 战略实施，即采取措施发挥战略作用；

(4) 战略评价和调整，主要是检验战略的有效性，并根据实际情况适时对战略进行修订与调整。

其中，战略实施在整个战略管理过程中居于核心位置，战略管理的有效性在于"行"，高效的执行力是确保商业银行战略目标得以实现的关键。

2.2　银行战略理论

2.2.1　戴维斯的优秀银行模型

20 世纪 80 年代，银行战略管理专家戴维斯 (Davis) 强调战略对银行的重要性。他分别于 1984 年和 1989 年采用独立专家小组调查分析的方法，评选出 1984 年度的优秀银行，包括东京银行、信孚银行、巴克莱银行、巴伐利亚联合银行、花旗银行、德意志银行、汇丰银行、摩根信托公司、太平洋证券公司、北欧斯安银行、住友银行、瑞士银行、德克萨斯商业银行、多伦多道明银行、瑞士联合银行、温哥华信托银行共 16 家银行；以及 1989 年度的优秀银行，包括信孚银行、花旗银行、第一波士顿银行、德意志银行、温哥华第一银行、汇丰银行、摩根信托公司、国民西敏寺银行、匹兹堡国民银行、多伦多道明银行、瑞士联合银行、瓦堡银行共 12 家银行。

两者对比可以发现，1984 年度优秀银行中的 50% 没有能够出现在 1989 年度优秀银行的名单中。戴维斯分析认为，这些银行被专家排出优秀银行名单之外的原因可归纳为：一是未能开发新产品和区域市场，如北欧斯安银行、巴伐利亚联合银行、瑞士联合银行和巴克莱银行；二是管理效率低下，如住友银行、巴克莱银行和瑞士联合银行；三是战略失误，如太平洋证券公司战略缺乏市场细分，而住友银行在莱曼兄弟公司投资获益甚少。

在新的银行评选过程中，戴维斯和专家们发现战略的重要性，并认为商业银行战略方向是在过度竞争的市场上获得竞争优势的关键。基于这一认识，他归纳出了优秀银行的四个成功因素：一是不论是通过收购还是培育，都必须有自己的核心业务；二是选择正确的战略方向；三是通过有效控制来实现多元化经营的能力；四是建立精英管理制度，因为随着产品差异性的增强，人的因素越发成为金融机构的差异性因素。

戴维斯的优秀银行模型表明，优秀银行都有一个共同的特点，即拥有一个清晰、明确的发展战略。

2.2.2 肯约和马莎的金融模型

肯约 (Keny) 和马莎 (Mathur) 在研究了 20 世纪 80 年代 14 家国际商业银行的实践后提出了"金融模型"，其目标函数是资产回报率最大化。研究发现，与 20 世纪六七十年代相比，银行家的观点发生了两点变化：首先，不再认为商业银行与其他类型的企业有什么差别；其次，由重点关注资产负债规模的增长，转向对利润的关注，开始使用利润率来评价经营业绩。

面对国际银行业竞争日趋激烈的态势，银行一般采取以下五种战略：全球化战略、产品差异化战略、客户差异化战略、扩张性战略和地区差异化战略。

2.2.3 银行全球化战略理论

赫夫·戈莫尼 (Herve de Carmoy) 以国际银行家的亲身经验为

跨国银行设计全球性战略。他认为，跨国银行在发展战略上应遵循以下三条途径：一是征服战略，但只能被少数金融机构采用，并需要有成功的决心；二是变革战略，这需要金融机构在思想方法上有所变革，银行必须重新审视个人业务、公司业务和交易业务，在此基础上集中力量做比较擅长的业务活动；三是巩固战略，这是征服战略的延续，处于进攻之后的消化阶段或大挫折之后的保护阶段。上述三条途径相互联系、相互依赖、相互促进，它们适用于银行发展的不同阶段。

2.2.4 凯的银行竞争优势模型

约翰·凯 (John Kay) 在《企业成功之基》(*foundations of corporate success*) 一书中指出，企业成功源于创造竞争优势，商业银行竞争优势取决于独具的潜能、战略资产和市场结构。其中，独具的潜能来源于三个方面：银行与客户、银行与雇员之间的公共结构关系，银行声誉以及创新。

2.2.5 比较优势理论及差异化理论

商业银行建立竞争优势的关键是实现差异化。实现差异化有如下两条途径：

1. 产品差异化

商业银行应提供具有创新性的、差异化的金融产品。由于银行产品具有高度的同质化，很容易被竞争对手所模仿和复制，一家银行要想在激烈的竞争中胜出，就必须不断创新金融产品。

2. 服务差异化

商业银行应通过独特的、差异化的产品销售渠道和销售方法向客户提供金融产品。

2.2.6　波特的竞争优势理论

迈克尔·波特 (Michael E.Porter) 认为，企业战略的核心是获取竞争优势，而影响竞争优势的因素主要有如下两方面。

1. 企业所属产业的吸引力

波特指出决定企业赢利能力的首要和根本的因素是产业吸引力，产业吸引力由竞争对手的入侵、替代品的威胁、现有竞争对手之间的竞争、客户讨价还价的能力和供应商讨价还价的能力五种力量决定。一个产业的竞争激烈程度及在产业中潜在的赢利能力大小，取决于产业结构中五种竞争力量的相互作用。

2. 企业在产业中的相对竞争地位

在产业结构稳定的前提下，企业的竞争优势取决于企业在产业中的相对地位。

结合产业吸引力和企业自身的优劣势，波特提出了赢得竞争优势的三种战略：总成本领先战略、差异化战略和集中战略。企业可通过选择与实施一种基本战略影响产业中的五种作用力量，进而影响到产业结构，甚至可以改变某些竞争规则，从而改善和加强企业的相对竞争地位，获取市场竞争优势；为了保持这种优势，企业必须不断进行战略性投入以构筑行业壁垒，阻碍竞争者与新厂商的进入。

|本章小结|

1. 商业银行战略是指关乎银行发展的长期性和全局性谋划，它具有导向性、长远性、稳定性、竞争性、风险性、动态性等主要特征。

2. 银行战略是一个战略体系，它不仅包括银行整体层面的总体战略，还包括业务条线层面、职能层面和运作层面的战略等。

3. 战略管理是商业银行根据自身资源与外部环境变化，为实现一定时期经营目标(特别是中长期目标)而实施的一系列资源配置及相关经营管理行为组织、实施的决策与活动。战略管理过程包括战略分析、战略选择、战略实施、战略评价和调整。

4. 优秀银行都有一个共同的特点，即拥有一个清晰、明确的发展战略(戴维斯)。企业赢得竞争优势的三种战略是总成本领先战略、差异化战略和集中战略(迈克尔·波特)。商业银行竞争优势取决于独具的潜能、战略资产和市场结构。其中，独具的潜能来自银行与客户、银行与雇员之间的公共结构关系，银行声誉以及创新(约翰·凯)。面对国际银行业竞争日趋激烈的态势，银行一般采取全球化战略、扩张性战略、产品差异化战略、客户差异化战略、地区差异化战略五种战略(肯约和马莎)。跨国银行在发展战略上应遵循三条途径：一是征服战略，二是变革战略，三是巩固战略，三条途径相互联系、相互依赖、相互促进，它们适用于银行发展的不同阶段(赫夫·戈莫尼)。

|实训练习|

通过网站、年报或其他渠道，调研包括大型商业银行、股份制商业银行、城市商业银行等不同类型的 3~6 家银行所制定的战略目标。

第3章

商业银行资本管理

　　银行是货币、信用的中介机构，资本金是商业银行稳定经营的重要保障和基础。对商业银行来说，资本管理不仅涉及对资本数量与资本质量的管理，同时还与风险管理、财务管理等活动紧密相关。

3.1 商业银行资本金

3.1.1 商业银行资本金的含义

资本金是投资者为满足资本需求和承担偿债义务而投入的基础资金，是商业银行持有或者政府金融监管部门要求持有用以吸收风险、承担经营损失、保护存款人利益的风险资金。资本金主要包括两部分：一是商业银行在注册登记时所载明、界定银行经营规模的资金；二是商业银行在经营过程中通过各种方式不断补充的资金，如未分配利润。

资本金是商业银行自身拥有的和能够永久支配使用的资金。在商业银行的各种资金来源中，资本金是商业银行业务活动的基础性资金，是可以独立运用的最可靠、最稳定的资金来源。充足的资本金可以保证商业银行的正常经营，在银行遇到突发意外的时候冲销损失，降低风险。

3.1.2 商业银行资本金与一般企业资本金的区别

商业银行资本金与一般企业资本金的区别在于：

1. 资本金所包含的内容不同

企业资本金是指资产总值减去负债总值的净值，即所有者权益或者产权资本。商业银行的资本金既包括权益资本，也包括一定比例的债务资本。

2. 资本金在全部资产中所占比例不同

现代企业都具有负债经营的特点，按照国际惯例，一般企业的负债率在 66% 左右，自有资金保持在 34% 左右。商业银行作为特殊的企业，80%~90% 的资金都是从客户方借来的，资本金占其全部资产的比例一般为 10%~20%，形成了商业银行高负债的经营状况。

3. 固定资产形成能力与资本金数量的关联性不同

一般企业的固定资产与资本金的关联性不大，既可以由资本金形成，也可以由各种借入资金包括商业银行的贷款来形成。商业银行固定资产的形成能力却与其资本金数量有明显的关系，因为银行的固定资产是形成较好的业务经营能力的必要物质条件，这些设施的资金占用时间较长，只能依赖于自有资本金。

3.2　账面资本、监管资本与经济资本

3.2.1　商业银行资本

商业银行对资本通常有三种描述。

1. 账面资本

会计意义上的账面资本，又被称为权益资本，反映了银行实际拥有的资本，在数量上是商业银行的总资产与总负债之差。

2. 监管资本

监管意义上的监管资本，是商业银行按照监管当局的要求，应该保留的最少的账面资本数量，是根据监管规定计算出来的资本。

3. 经济资本

银行内部风险管理意义上的经济资本，也被称为风险资本，是银行根据承担的所有风险计算出的最低资本需要。经济资本是一个统计学概念，它是指在一定的置信水平下，为了弥补银行的非预期

损失所需要的资本，是根据银行资产的风险大小计算出来的。

3.2.2　商业银行资本的关系

从资本的数量上看，三种资本存在下面的关系：第一，账面资本大于等于监管资本，如若不然，监管当局将会采取强制措施要求银行补充资本或削减业务规模以减少承担的风险；第二，账面资本大于等于经济资本，因为经济资本反映的是银行的真实风险，最终消化风险的资本是银行实际拥有的资本，如果银行在制定经济资本预算时将经济资本的限额制定得比账面资本高，这就意味着一旦风险发生，银行没有足够的资本来覆盖损失；第三，经济资本大于等于监管资本，若经济资本小于监管资本，说明银行所承担的风险小于监管标准，反映了资本的利用效率不高，应对资本进行更有效的配置。

3.3　商业银行资本金功能

资本金对商业银行非常重要，它的功能主要体现在经营功能、保护功能和管理功能三个方面。

1. 经营功能

商业银行资本金为其经营所需的固定资产和流动资金方面提供了保障，具体表现为：

(1) 注册设立银行必须要拥有一定的自有资金；

(2) 为购置或租用办公楼营业场所、办公设备设施等非营利资产提供资金；

(3) 可以满足银行对其他机构的投资要求。我国《商业银行法》虽然规定商业银行不得对非银行金融机构和非金融机构投资，但并没有规定禁止向其他银行投资，一旦某家银行需要向其他银行投资时，它不能用吸收的存款或其他借入款，只能使用其资本金。

2. 保护功能

保护功能集中体现在如下两个方面：

(1) 对存款人提供保护

银行在经营存款时，可能会发生各种风险，但只要存款人提出取款，银行就必须满足。资本金可在银行出现亏损时弥补损失，提高抗风险能力，保证存款人利益不受伤害。

(2) 对商业银行提供保护

银行在经营过程中面临着信用风险、流动性风险、利率风险、汇率风险、操作风险等诸多个体风险和系统性风险，资本金规模越大，银行承受风险的能力也越强。

3. 管理功能

为了维护金融体系的稳定，促使商业银行稳健经营，各国的金融管理机构都会建立资本金标准，限制商业银行任意扩张其资产规模。确定商业银行资本比例的目的很明确：

(1) 提高商业银行抵御金融风险的能力；

(2) 确保银行持有足够的储备金，能不依靠政府救助独自应对可能发生的金融危机。

3.4　商业银行资本金的构成

3.4.1　《巴塞尔协议》对资本金的构成要求

1998 年，《巴塞尔协议 I》提出了统一的资本充足率标准，使得全球银行开始注重资本、资产质量；2004 年，《巴塞尔协议 II》在《巴塞尔协议 I》的基础上，提出了最低资本要求、外部监管和市场约束三大支柱，并将最低资本要求作为最主要的支柱。

2007 年金融危机爆发，针对《巴塞尔协议 II》在资本管理方面存在的缺陷，在 2010 年建立的《巴塞尔协议 III》中加强了针对银行个体的微观审慎和金融系统的宏观审慎两个层面的金融监管，构建了包括最低资本要求、储备资本、逆周期资本要求以及系统重要性银行附加资本要求等的多层次资本监管体系。在资本结构方面，《巴塞尔协议 III》进行了更细致的划分 (见表 3-1)，按照能否在持续经营条件下吸收损失，将资本分为一级资本和二级资本。其中，一级资本又被称为持续经营成本，它能够无条件地在持续经营的条件下吸收损失。二级资本又被称为停止经营成本，主要在银行破产清算中起到保护存款人和债权人的作用。为了避免再次出现次贷危机中发生的资本质量低、数量高估这一问题，《巴塞尔协议 III》严格资本扣减，明确规定在资本中将商誉、现金流套期储备、递减所得税资产、与资产证券化销售相关的收益、预期损失准备金缺口、自身信用风险变化所导致的金融负债公允价值变化带来的累计收益和损失、固定收益得来的养老金资产及负债、库存股八项扣除。

表 3-1　《巴塞尔协议 III》资本结构

资本分类	资本细分	资本构成	备注
一级资本	核心一级资本	普通股	• 不包括类似债券的资本工具 • 不允许金融创新 • 删除扣减项，包括商誉、递减所得税、资产净额等
		资本溢价	
		留存收益	
		累计其他综合收益和公开储备	
	其他一级资本	优先股	仅包括无限期的类似债券的资本工具
		其他无期限的损失吸收工具	• 包括诸如政府救助的例外资本工具 • 剔除创新混合债券工具

（续表）

资本分类	资本细分	资本构成	备注
二级资本	二级资本	满足二级资本标准的工具	一般准备金不得超过标准法下信用风险加权资产的 1.25%
		贷款损失准备金	

3.4.2　我国监管部门对资本金构成要求

根据《巴塞尔协议 III》的监管要求，结合我国银行业的实际，中国银行业监督管理委员会 (以下简称银监会) 于 2012 年 6 月 7 日发布了《商业银行资本管理办法 (试行)》(以下简称《资本管理办法》)，2013 年 1 月 1 日起实施。此《资本管理办法》不但对增强银行体系的稳定性，而且在引导商业银行转变经营方式上都具有积极作用。《资本管理办法》中将资本划分为核心一级资本、其他一级资本和二级资本三类。

1. 核心一级资本

核心一级资本主要包括实收资本、资本公积、盈余公积、一般风险准备、未分配利润、少数股权资本，具体如下：

(1) 实收资本

投资者按照企业章程或合同、协议的约定，实际投入金融企业的资本。

(2) 资本公积

资本公积包括资本溢价、接受的非现金资产捐赠准备和现金捐赠、股权投资准备、外币资本折算差额、关联交易差价和其他资本公积。

(3) 盈余公积

盈余公积包括法定盈余公积、任意盈余公积以及法定公益金。

(4) 一般风险准备

一般风险准备是按规定从利润中提取，用于弥补亏损的风险准备，按净利润的 10% 提取。

(5) 未分配利润

这里的未分配利润指的是以前年度实现的未分配利润或未弥补亏损。

(6) 少数股权资本

在合并报表时，包括在核心资本中的非全资子公司中的少数股权，是子公司净经营成果和净资产中不以任何直接或间接方式归属于母银行的部分。

2. 其他一级资本

其他一级资本主要包括：

(1) 其他一级资本工具及其溢价；

(2) 少数股东资本可计入部分。

3. 二级资本

二级资本主要包括重估储备、一般准备、优先股、可转换债券、混合资本债券和长期次级债务。

(1) 重估储备

商业银行经国家有关部门批准，对固定资产进行重估时，固定资产公允价值与账面价值之间的正差额为重估储备。若银监会认为重估作价是审慎的，这类重估储备可以列入附属资本，但计入附属资本的部分不超过重估储备的 70%。

(2) 一般准备

一般准备是指用于弥补尚未识别的可能性损失的准备，按全部贷款余额的一定比例计提。

(3) 优先股

优先股是指商业银行发行的、给予投资者在收益分配、剩余资产分配等方面优先权利的股票。

(4) 可转换债券

可转换债券是指商业银行依照法定程序发行的、在一定期限内依据约定条件可以转换成商业银行普通股的债券。计入附属资本的可转换债券必须符合以下条件：第一，债券持有人对银行的索偿权位于存款人和其他普通债权人之后，并不以银行的资产为抵押或质押；第二，债券不可由持有者主动回售，未经银监会事先同意，发行人不准赎回。

(5) 混合资本债券

混合资本债券是指商业银行发行的、带有一定股本性质又带有一定债务性质的资本工具。

(6) 长期次级债务

长期次级债务是指原始期限最少在 5 年以上的次级债务。经银监会认可，商业银行发行的普通的、无担保的、不以银行资产为抵押或质押的长期次级债务工具可列入附属资本，在距到期日前最后 5 年，其可计入附属资本的数量每年累计折扣 20%。如一笔 10 年期的次级债券，第 6 年计入附属资本的数量为 100%，第 7 年为 80%，第 8 年为 60%，第 9 年为 40%，第 10 年为 20%。

同时，《资本管理办法》还整合了巴塞尔协议在风险加权资产计算方面的核心要求，坚持资本计量的审慎性原则，扩大风险覆盖范围，提高监管资本的风险敏感性，设计各类资产的风险权重体系，允许符合条件的银行采用内部评价法计量信用风险资本，要求所有银行必须计提市场风险和操作风险资本，并依据资本充足率水平对商业银行进行分类监管，在坚持审慎监管的同时，体现资本监管的灵活性。同时，对商业银行 2010 年 9 月 12 日前发行的不合格二级资本工具，给予 10 年过渡期逐步退出，以缓解银行资本的补充压力，2013 年 1 月 1 日起按年递减 10%，2022 年 1 月 1 日起不得计入监管资本。2013 年 1 月 1 日之后发行的不合格资本工具不再计入监管资本。

3.5 商业银行资本管理的目标及范畴

3.5.1 资本管理的目标

对商业银行而言，资本管理的目标主要体现在三个方面：

第一，达到或维持监管当局要求的资本水平。

第二，对银行资产配置相应的资本以覆盖风险。

第三，计量不同分支机构、业务条线的资本成本和资本收益，对其进行绩效考核[①]。

3.5.2 资本管理的范畴

1. 看待资本的视角

按看待资本的视角不同，商业银行资本管理主要包括账面资本管理、监管资本管理和经济资本管理。

在管理实践方面，商业银行资本管理经历了从财务层面到监管层面，最后到风险与战略相结合层面的管理。账面资本管理是所有者权益的维护、投资融资决策、资本结构安排等与资本有关的经营管理过程；监管资本管理是对资本充足性的计量与监测，并以资本充足率满足监管为目标进行的资本结构调整和资本融资过程；经济资本管理是通过计量、配置和考核各分支机构、业务部门、产品等方面的经济资本占用，对风险资产进行优化配置和组合管理，实现股东价值的持续稳定增长。

从管理内容上看，经历了以账面资本管理、资本充足率管理为主，发展到以经济资本管理为主、账面资本管理和资本充足率管理

---

① 资料来源：刘百花. 我国商业银行建立资本约束机制和资本规划程序的探讨 [J]. 金融理论与实践，2006(9).

为辅的全面资本管理阶段。账面资本管理是资本性投融资及资本运营的途径和工具，是进行经济资本管理的逻辑起点。监管资本管理是银行贯彻落实宏观资本监管意志，是法人层面的合规性管理，本质上是银行资本管理的最低要求和约束。经济资本管理是银行资本管理的核心，是全行收益、规模和风险的平衡，对风险的计量、资本化、风险定价等，都是通过经济资本管理实现的。

2. 管理层次

从管理层次上看，商业银行资本管理主要包括总行层面的资本管理和分行层面的资本管理。

总行层面的资本管理指总行对账目资本和监管资本的管理，涉及的是商业银行与投资者、外部监管者之间的关系，主要包括编制资本总量、结构和质量管理计划；编制资本充足率管理计划；制定资本筹集方案，建立资本应急补充机制，使资本满足业务发展需要，使资本充足率符合外部监管规定；制定股利分配方案，使投资回报满足投资者的要求等。

分行层面的资本管理主要是对经济资本的管理，主要通过管理和控制，使分行风险资产的经济资本分配结果符合总行预算管理要求，符合监管资本的要求。

3.6　商业银行资本管理内容

3.6.1　资本规划

1. 资本规划的含义

资本规划是商业银行经营的前提，是资本分配的起点。商业银行应基于当前及未来的资本需求和资本的可获得性编制资本规划,如表 3-2 所示。资本规划要根据商业银行制定的发展战略、管理者的风险偏好,业务组合、资产增长速度(特别是风险资产的增长速度)、监管要求等,对资本需求量、资本的结构、资本的筹集渠道、资本的配置等进行合理的规划,使其满足监管要求水平,实现资本回报最大化和银行持续稳健经营。

表 3-2　编制三年资本规划表

项目 \ 年份	Y	Y+1	Y+2
一级资本	69 916	90 994	94 920
总资本	109 022	130 100	134 028
风险加权资产	1 073 500	1 136 985	1 204 233
一级资本充足率	6.51%	8.00%	7.88%
监管一级资本充足率	8.00%	8.00%	8.00%
监管资本充足率盈缺	-1.49%	0.00%	-0.12%
目标监管资本	85 880	90 959	96 339
一级资本盈缺	-15 964	35	-1 419
总资本充足率	10.16%	11.44%	11.13%
目标总资本充足率	10%	10%	10%
总资本充足率盈缺	0.16%	1.44%	1.13%
目标总资本	107 350	113 699	120 423
总资本盈缺	1 672	16 402	13 605

2.资本规划的过程

(1) 进行经济资本计算和配置

银行根据不同业务部门、业务产品的风险,将经济资本在各个业务部门、业务产品之间进行配置,并根据信用风险、市场风险、操作风险等各类风险计算银行需要的总体经济资本。

(2) 计算监管资本和保留缓冲资本

银行需要在监管资本最低要求的基础上,加上一定的资本缓冲,作为目标资本水平。

(3) 设想未来战略和资本需要

在编制资本规划时，还应考虑未来的战略如何影响资本充足性，目标资本水平是否能够支持其战略计划。如银行未来进行资产扩张、贷款业务持续增长，或是要开展新业务、扩张渠道等，就需要更多的资本。

(4) 确定资本筹集方式

资本总量确定后，要确定资本筹集方式。考虑建立最优的资本组合，提高资本效率，降低资本成本，确定多元化的资本组合。

3.6.2　资本充足性管理

1. 资本充足性的内涵

所谓资本充足性，是指银行资本数量必须超过金融管理当局所规定的能够保障正常营业并足以维持充分信誉的最低限度。资本充足性是银行安全经营的要求，主要表现在两个方面：一是资本数量上的充足性，银行资本的数量与银行经营规模、金融监管部门的规定密切相关；二是资本结构的合理性，在银行的资本中，普通股、优先股、盈余、债务等资本要有合适的比例。

2. 资本充足性的测定

资本充足性常用充足率测定。所谓资本充足率，是指商业银行持有的符合规定的资本与风险加权资产之间的比率。银行风险资产主要指可能发生损失的资产，主要包括贷款和投资。通常，不同风险资产的风险程度也有所不同，如银行短期贷款风险相对较低，而长期贷款、企业长期债券等风险相对较高。

资本充足率的计算公式如下：

$$资本充足率＝资本净额 / 风险加权资产期末总额$$

在公式中，风险加权资产由信用风险加权资产、市场风险加权资产和操作风险加权资产三者之和构成。资本扣减项包括商誉、商业银行对未并表金融机构的资本投资、商业银行对非自用不动产和企业的资本投资以及由经营亏损引起的净递延税资产。

资本充足率反映了商业银行在存款人和债权人的资产遭到损失之前，银行能以自有资本承担损失的程度。规定该项指标的目的在于抑制风险资产的过度膨胀，保护存款人和债权人的利益。

资本充足率分为一级资本充足率和核心一级资本充足率。其中，一级资本充足率，是指商业银行持有的符合本办法规定的一级资本与风险加权资产之间的比率；核心一级资本充足率，是指商业银行持有的符合监管规定的核心一级资本与风险加权资产之间的比率。

3. 资本充足率监管要求

对商业银行的资本充足率，《巴塞尔协议III》规定核心一级资本充足率最低要求为 4.5%，一级资本充足率最低要求为 6%。同时，首次倡导建立资本缓冲来实现审慎管理，资本缓冲包括留存超额资本缓冲和逆周期超额资本缓冲。留存超额资本缓冲旨在确保银行在非压力时期建立超额资本用于吸收发生风险产生的损失，当经济金融处于压力趋势时，银行资本充足率越接近监管的最低要求，越要限制收益分配，从而阻止银行在资本恶化情况下的分配行为。逆周期超额资本缓冲是银行结合自身风险暴露情况应对经济周期性的震荡，它的建立是为了达到保护银行承受过度增长的更广泛的宏观审慎目标。《巴塞尔协议III》规定需要建立 2.5% 的留存超额资本缓冲，以及 0%~2.5% 的逆周期超额资本缓冲。《巴塞尔协议III》还规定了系统重要性银行的附加资本要求。在系统重要性银行的认定上，尚未有统一的标准。一般认为规模大、业务复杂程度高、发生亏损或倒闭能够产生破坏性影响的银行，其重要程度高，系统重要性银行的附加资本要求不低于风险加权资产的 1%。

我国商业银行《资本管理办法》中对资本充足率的规定主要包括：一级资本充足率不得低于 6%、资本充足率不得低于 8%。这与《巴塞尔协议Ⅲ》的要求一致。但在核心以及资本充足率要求上，高于《巴塞尔协议Ⅲ》要求的 4.5%，最低为 5%。商业银行应当在最低资本要求的基础上计提储备资本，储备资本要求为风险加权资产的 2.5%，由核心一级资本来满足。特定情况下，商业银行应当在最低资本要求和储备资本要求之上计提逆周期资本，逆周期资本要求为风险加权资产的 0%~2.5%，由核心一级资本来满足。国内系统重要性银行附加资本要求为风险加权资产的 1%，若国内银行被认定为全球系统重要性银行，所适用的附加资本要求不得低于巴塞尔委员会的统一规定，并要求商业银行 2018 年底前达到监管要求，具体如表 3-3 所示。

表 3-3　资本充足率框架及对比

| 项目 | 资本要求 | | | | | | | 逆周期超额资本缓冲 |
| | 核心一级资本 | | | 一级资本 | | 总资本 | | |
	最低要求	留存缓冲	监管要求	最低要求	监管要求	最低要求	监管要求	幅度
《巴塞尔协议Ⅱ》	2%			4%		8%		
《巴塞尔协议Ⅲ》	4.5%	2.5%	7%	6%	8.5%	8%	10.5%	0%~2.5%
我国商业银行《资本管理办法》	5%			6%		8%		0%~2.5%

4．资本充足率管理对策

在资本充足率管理上，商业银行主要有如下两种策略。

(1)"分子对策"

"分子对策"是指尽量地增加资本总额，包括按要求增加核心资本和其他资本，同时改善和优化资本结构。银行资本计划建立在其管理目标所需的银行资本金数额以及金融监管当局所规定的最低资本限额要求的基础上。

(2)"分母对策"

"分母对策"是指尽量降低风险权重高的资产在总资产中所占的比重，重点是减少资产规模，降低商业银行的风险资产总额。

当然，资本充足率也不宜过高。如果过高，意味着银行可能经营太保守，不善于将吸收的外部资金转化为盈利资产。

【案例3-1】资本构成及资本充足率

中国银行主页披露的中国银行股份有限公司 2016 年资本构成以及资本充足率信息如表 3-4 和表 3-5 所示。

表 3-4　资本构成

单位：百万元

项目	金额
核心一级资本	1 297 421
股本	294 388
资本公积	139 443
盈余公积	125 109
一般风险准备	193 338
未分配利润	526 804
少数股东资本可计入部分	30 051
其他	(11 712)
核心一级资本监管扣除项目	(16 580)
商誉	(96)
其他无形资产(不含土地使用权)	(6 498)
资产证券化销售利得	–
直接或间接持有本行的普通股	(53)
未按公允价值计量的项目进行套期形成的现金流储备	20
对有控制权但不并表的金融机构的核心一级资本投资	(9 953)
核心一级资本净额	1 280 841
其他一级资本	103 523

（续表）

项目	金额
优先股及其溢价	99 714
少数股东资本可计入部分	3 809
二级资本	225 173
二级资本工具及其溢价可计入金额	149 406
超额贷款损失准备	64 572
少数股东资本可计入部分	11 195
资金净额	1 609 537
风险加权资产	11 269 592

表 3-5　资本充足率情况表

单位：百万元

序号	项目	数值	备注
(1)	核心一级资本	1 297 421	
(2)	核心一级资本监管扣除项目	(16 580)	
(3)	核心一级资本净额	1 280 841	=(1)-(2)
(4)	其他一级资本	103 523	
(5)	一级资本净额	1 384 364	=(3)+(4)
(6)	二级资本净额	225 173	
(7)	资本净额	1 609 537	=(5)+(6)
(8)	风险加权资产	11 269 592	
(9)	核心一级资本充足率 /%	11.37	=(3)/(8)
(10)	一级资本充足率 /%	12.28	=(5)/(8)
(11)	资本充足率 /%	14.28	=(7)/(8)

【案例 3-2】中资大型银行资本管理压力大

(1) 资本充足率偏低

在全球系统重要性银行 (Global Systemically Important Banks，英文缩写 G-SIBs) 中，我国银行的排名靠后。2016 年底，工、农、中、建四大行资本充足率分别为 14.61%、13.04%、14.28% 和 14.94%，在

30 家 G-SIBs 中分别列第 25 名、第 29 名、第 28 名和第 23 名；一级资本充足率分别为 13.42%、13.04%、14.28% 和 13.15%，在 30 家 G-SIBs 中分别列第 20 名、第 30 名、第 29 名和第 22 名；核心一级资本充足率分别为 12.87%、11.06%、11.37% 和 12.98%，在 30 家 G-SIBs 中分别列第 14 名、第 29 名、第 25 名和第 13 名。具体如图 3-1 所示。

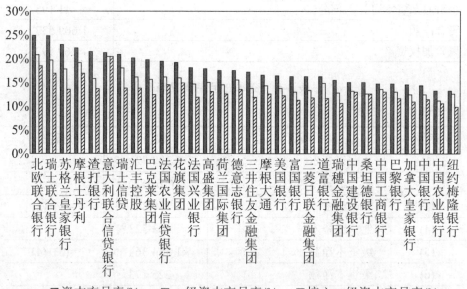

图 3-1　G-SIBs 资本、一级资本和核心一级资本充足率 (2016)

(2) 资本充足率距监管红线较近

当前，中资 G-SIBs 的资本充足率、一级资本充足率和核心一级资本充足率的监管红线分别为 12%(11.5%)、10%(9.5%) 和 9%(8.5%)。如果按照这套监管要求计算，四大行的资本充足率、一级资本充足率和核心一级资本充足率分别高于监管要求 2.4 个百分点、2.8 个百分点和 3.2 个百分点。如果考虑第二支柱要求，中资大型银行实际高于最低监管要求的资本缓冲值将更低，这导致银行的业务扩张对资本数量的变化极为敏感，如图 3-2 所示。

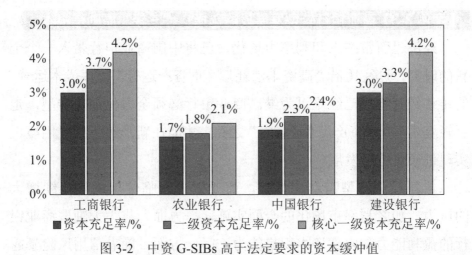

图 3-2 中资 G-SIBs 高于法定要求的资本缓冲值

(3) 风险密度相对较高

风险密度等于银行风险加权资产除以总资产。该比例较高意味着单位资产的风险权重较大、资本消耗较多。截至 2016 年末，工、农、中、建四大行的风险密度 (风险加权资产 / 总资产) 分别为 60.3%、60.6%、60.3% 和 57.0%。同期，非中资 G-SIBs 风险密度的平均水平为 39.4%，如图 3-3 所示。

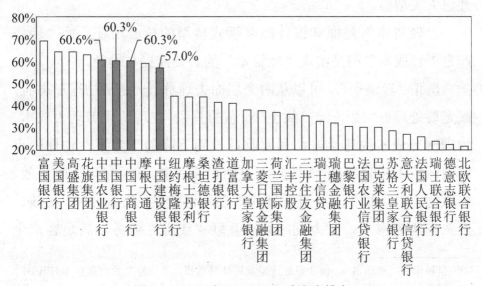

图 3-3 2016 年 G-SIBs 风险密度排名

【案例 3-3】商业银行转型发展战略选择："三轻"原则是根本[①]

经济"新常态"和利率市场化，已将中国商业银行带入一个全新的时期，过往凭借"高资本消耗""重资产运行""拼成本运营"的传统经营模式已经难以为继。商业银行必须全方位加快转型，走"轻资本""轻资产""轻成本"之路，才能在新形势下摆脱困境，实现健康可持续发展。

伴随经济转型与结构调整，商业银行面临信用风险持续增大的压力，加之利率市场化的全面实施，一方面，将大大削弱商业银行的盈利能力和内部资本积累能力；另一方面，随着信用风险暴露和盈利能力的下降，银行的边际资本效率也面临下滑的压力，支撑单位利润所需的资本将会增加；此外，商业银行市净率（即 PB）持续低迷（低于 1 倍），导致依托资本市场筹集资本的效率也大大降低，而在低市净率情形下频繁融资即意味着对股东价值的摊薄与侵蚀（且受监管约束），并将进一步压制市净率水平，陷入恶性循环。新形势下，商业银行实施"轻资本"战略的必要性、紧迫性和重要性已大大增强。

"轻资本"是商业银行经营模式转型的核心所在，而"轻资产""轻成本"则是实现"轻资本"的必要前提与途径。

所谓"轻资产"，可以从两个层面去理解。一是从物理形态看，就是要处理好"线下"与"线上"业态的关系。在现阶段劳动力成本、物理网点成本快速上升，利差收益日趋下降的形势下，物理网点的边际成本越来越高，而边际收益则加速下滑，甚至呈现边际负效，依靠物理网点扩张的外延发展模式已不可持续。依托合理、高效、多业态物理网点，大力发展移动互联"线上"业务，满足客户全

---

① 资料来源：和讯名家. 商业银行转型发展战略选择："三轻"原则是根本 [EB/OL]. [2016-07-13]. http://news.hexun.com/2016-07-13/184913479.html.

方位、全渠道的产品、服务需求与体验，成为商业银行未来发展的必然选择。二是从账务形态看，就是要处理好"表内业务"和"表外业务"的关系，要改变传统的追逐资产负债表扩张、依托表内业务高耗资本发展的惯性，应着力发展低风险、低资本消耗乃至零资本消耗的表外业务，打造依托内生资本积累的可持续发展模式。

所谓"轻成本"，主要指向"资金成本"和"运营成本"。"资金成本"考验的是商业银行的客户经营能力、产品创新能力和定价管理能力，其核心又在于客户经营能力和产品创新能力。只有立足客户经营，以客户为中心，通过提供全渠道产品与服务，合理满足客户需求与体验，才能最大限度拓展高忠诚度、有黏性的结算性价值客户，以此形成的存款资金对利率的敏感性将是最低的，进而银行可以最大程度获取低资金成本的优势。"运营成本"考验的是商业银行的流程整合能力、业务整合能力和财务管控能力，而其核心与基础又在于流程及业务整合能力。只有以客户为中心，致力于流程的整合与业务的整合，确保在有效控制风险的前提下，业务决策流程最短、有效，业务操作的流程最优，作业环节至简、高效，单位作业成本最低，才能占据运营成本管控的优势"高地"。

3.6.3　资本筹集管理

1. 资本筹集渠道

商业银行资本筹集主要包括内部和外部两个渠道。

(1) 内部融资

内部融资是指从银行内部来增加资本金，是商业银行通过自身积累而形成的资本，主要指留存收益，即银行的管理层必须决定在当期收益中有多少留存下来，多少以红利的形式支付给股东。通过制定合理的利润分配政策，利用收益留存补充资本，平衡业务发展需要和股东活力需求。

(2) 外部筹集

外部筹集是指银行通过发行股票、长期性债券等方式向社会公众筹集资金。外部筹集的资本可以分为权益资本和债务资本，其中，权益资本筹资是由商业银行所有者投入以及以发行股票方式筹资；债务资本筹资指商业银行以负债方式借入并到期偿还的资金。二者的共同点是目的都是为了帮助银行融资；区别在于性质不同，权益资本筹资体现在资产负债表的权益项，债务资本筹资体现在资产负债表的负债项，二者在会计处理上是不同的，由此导致了在税负、企业资金流转、财务费用等方面也是不同的。银行需要在权益资本和债务资本两者之间进行权衡。从投资者的角度来说，股权投资的风险大于债权投资，其要求的报酬率就会相应提高，因此债务资本的成本要明显低于权益资本。在一定的限度内合理提高债务筹资比例，可以降低企业的综合资本成本。但是权益资本为永久资本来源，其全部可以用来满足风险对资本的要求，而债务资本只有部分能满足银行的资本监管要求。

2. 筹资方式的优劣

相对于外部筹集资金方式，内部融资可以避免发行股票或债券的费用；操作简便，融资的限制条件少，同时避免了稀释投资人的股份及每股收益。但是，通过内部融资容易受其他因素的影响，包括监管当局对银行适度资本规模的限制，银行税后净利润的规模，以及银行的股利分配政策。随着银行业竞争的加剧，银行为了稳定股东投资，以及吸引新的投资，普遍考虑较高的股利分配，从而导致留存收益降低。

商业银行要在监管部门许可的前提下，积极创新，建立多元化、动态化的市场资本补充机制,通过对资本总量和结构进行合理规划,优化资本结构,降低融资成本,满足银行战略发展需要。

商业银行资本筹措计划可用图 3-4 表示。

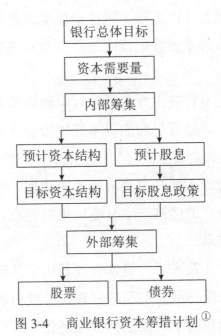

图 3-4　商业银行资本筹措计划[①]

|本章小结|

1. 资本金是商业银行的投资者投入银行的资金总和,它是商业银行自身拥有的和能够永久支配使用的资金。资本金对商业银行来说非常重要,主要表现在支持银行的经营、对银行产生保护作用和加强管理活动。

2. 商业银行对资本通常有以下三种描述:一是财务会计意义上的账面资本;二是按照监管当局要求,应该保留的最少的账面资本数量;三是银行内部风险管理意义上的经济资本,是在一定置信水

平下、一定时间内，为了弥补银行的非预期损失所需要的资本。

3. 2010年，《巴塞尔协议Ⅲ》弥补了《巴塞尔协议Ⅱ》中的缺陷，在资本方面，建立了从微观审慎(银行个体)和金融系统(宏观审慎)两个层面加强金融监管，实现了包括最低资本要求、储备资本和逆周期资本要求、系统重要性银行附加资本要求等多层次资本的监管体系。

4. 商业银行资本管理主要包括总行层面的资本管理和分行层面的资本管理。其中，总行层面的资本管理指总行对实际资本和监管资本的管理，涉及的是商业银行与投资者、外部监管者之间的关系；分行层面的资本管理主要是对经济资本的管理。主要通过管理和控制，使分行风险资产的经济资本分配结果符合总行预算管理要求，符合监管资本的要求。

5. 从商业银行实践来看，资本管理经历了从财务层面到监管层面，最后发展到风险与战略层面的管理，管理内容从以账面资本管理和资本充足率管理为主，发展到以经济资本管理为主、账面资本管理和资本充足率管理为辅的全面资本管理阶段。

6. 资本充足率是指商业银行持有的符合规定的资本与风险加权资产之间的比率。它是衡量商业银行经营是否稳健的重要指标。在资本充足率管理上，商业银行主要有两种策略：一是"分子对策"，即增加资本总额，包括按要求增加核心资本和附属资本；二是"分母对策"，即缩小资产规模和调整不同风险权重的资产结构。

7. 商业银行资本筹集主要包括内部和外部两个渠道，其中内部融资是指从银行内部来增加资本金，是商业银行通过自身积累而形成的资本；外部筹集是指银行通过发行股票、长期性债券等方式向社会公众筹集资金，外部筹集的资本可以分为权益资本和债务资本。

|实训练习|

选取一家我国上市银行，通过阅读年报信息或浏览网站，了解该银行最新披露的核心一级资本充足率和资本充足率，以及该银行筹措资本的方式。

第4章

商业银行资产负债管理

资产负债管理是商业银行管理的核心和基础，它是商业银行为了达到其经营目标，对自身经营业务全方位、全过程的管理，以实现安全性、流动性和盈利性三者的平衡。一般认为商业银行的资产负债管理理论经历了三个演变过程，即资产管理理论、负债管理理论、资产负债管理理论。

4.1　资产管理理论

资产管理 (the asset management) 理论是以银行资产的流动性为重点的经营管理理论。20 世纪 60 年代以前，金融市场不发达，非银行金融机构较少，融资方式以商业银行为信用中介的间接融资为主，商业银行资金来源充裕，存款中活期存款居多。由于资金充裕且较稳定，因此商业银行较少考虑负债的来源及结构，主要考虑如何优化资产结构，即如何在保证流动性的基础上提高资产的配置收益，这个阶段被称为银行业的资产管理阶段。资产管理理论按其提出的顺序又包括商业贷款理论、资产可转换理论、预期收入理论。

4.1.1　商业贷款理论

商业贷款理论 (the commercial-loan theory) 又被称为真实票据理论或自偿性贷款理论。其基本观点是，由于商业银行的资金来源主要是活期存款，由于取款的不可预测性，因此为了满足不可预测流动性的需要，银行只能发放具有自偿性的短期周转性贷款。真实票据论源于亚当·斯密 (Adam Smith)1776 年发表的《国民财富的性质和原因的研究》一书。该理论认为，银行的资金来源主要是同商业流通有关的闲散资金，都是临时性的存款，为了应付预料不到的随时性提款需要，银行资产必须具有较大的流动性，因而银行只能发放短期的与商品周期相联系的商业贷款。

商业贷款理论产生在商业银行发展的初期，当时商品生产与交

换的广度不如现在，占支配地位的主要是手工业和商业，一般企业
的经营主要靠自有资金，只有在出现季节性或临时性的资金周转时，
才向商业银行贷款。同时，商业银行的资金来源主要是存期不定的
短期存款，金融市场不发达、金融管理水平低、流动性风险是商业
银行当时最主要的风险，因此短期存款的高流动性决定了贷款也要
保持高流动性。

商业贷款理论作为最早的资产负债管理理论，对银行经营在一
定时期内发挥了积极的意义。首先，它为银行保持流动性和安全性
目标提供了理论依据，减少了银行流动性不足产生的风险，其次，
为银行发放贷款给出了明确的方向，也满足了商品交易对银行贷款
的需要。

4.1.2　资产可转换理论

资产可转换理论 (the shiftablity theory) 认为保持流动性是商业
银行经营管理工作的重点之一，银行能否保持流动性的关键在于银
行资产的变现能力，而资产流动性的高低是由资产的可转让程度决
定的。商业银行可以通过出售资产的方式增加流动性，没有必要非
局限于商业贷款不可。

第一次世界大战结束后，西方各国处于经济恢复期，对贷款的
需求量急剧增长。随后，经济危机的爆发导致政府公债的大量发行，
商业银行也将部分资金投资于政府发行的债券。同时，由于金融市
场的逐步完善，金融资产的流动性逐渐增强，商业银行主动持有的
国库券和其他证券增加，对流动性有了新的认识，从而出现了资产
可转换理论。1918 年，美国学者莫顿 (H.G.Moulton) 发表的论文《商
业银行及资本形成》中首次提出了资产可转换理论。

资产可转换理论使商业银行突破了商业贷款理论对资产运用的

狭窄限制，使银行在加强流动性管理的同时兼顾盈利性的需求。这一理论的实际应用，使银行增加了新的流动性来源，为银行的证券投资、不动产贷款和长期贷款打开了大门。不过，该理论也存在一定的局限，即银行资产的变现能力还取决于市场状况的好坏，当市场低迷时，资产转换会变得困难。

4.1.3　预期收入理论

在第二次世界大战后，各国经济由战时状态转入恢复和发展，市场对资金需求特别是中长期资金需求旺盛，在此背景下产生了预期收入理论。

预期收入理论 (the anticipated income theory) 是 1949 年由美国的赫伯特·V. 普罗克诺 (Herbert V. Prochnow) 在《定期放款与银行流动性理论》中首次提出的。预期收入理论认为无论短期商业性贷款，还是可转让的资产，其贷款偿还或证券变现能力都是以未来的收入为基础的。银行是否发放贷款不一定由自偿能力决定，而应该重点评估借款人未来可能的还款能力。如果一项贷款的未来收入有保证，可以偿还该项贷款的本息，即使期限较长，银行也可接受；反之，如果一项贷款的未来收入不可靠，即使期限较短，银行也不应该接受。

预期收入理论进一步深化了商业银行对贷款清偿的认识，明确提出贷款清偿来源于借款人的预期收入，是银行资产负债管理理论的一大进步，极大地拓宽了商业银行资产范围，是现代商业银行贷款期限和种类多样化的基础。根据该理论，商业银行逐渐根据贷款申请人未来的还款能力作为贷款审批的标准，逐渐出现了分期还款的中长期设备贷款、住宅抵押贷款以及租赁设备等资产业务类型。该理论仍存在一定的局限：把预期收入作为资产经营的标准，而由于银行对未来收入预期存在偏差，并且资产的期限较长，债务人经营状况可能发生变化，还款能力有可能下降，导致银行发生亏损，流动性也受到影响。

4.2　负债管理理论

负债管理理论 (the liability management) 的基本思想是：商业银行的资产负债管理和流动性管理，不仅可以通过加强对资产的管理来实现，也可以通过在货币市场上主动负债增加贷款供给来实现。负债管理理论主要包括存款理论、购买理论、销售理论。

20 世纪 60 年代初，经济最发达的美国其经济环境发生了很大的变化。当时美国处于经济繁荣时期，经济大发展需要大量建设资金，而美联储对于商业银行利率监管较严，银行无法通过利率来吸引资金，居民将存款越来越多地投放于退休基金、保险公司等非银行金融机构，市场竞争激烈。存款增长乏力无法满足市场资金需求，从而银行只得通过金融产品创新来吸收资金；同时，欧洲货币市场和联邦资金市场的兴起也为银行提供了新的资金来源渠道。于是商业银行的资金来源除传统存款外，还增加了可转让大额定期存单、联邦储备资金、欧洲美元借款和从属债券等新的融资方式，多渠道扩大负债来源，解决流动性和贷款需求的压力。因此，通过加强负债的管理，有效扩大资产规模和保持银行流动性成为商业银行资产负债管理新的手段。

4.2.1　存款理论

存款理论 (the deposit theory) 的最主要特征是银行负债经营的

稳健性，在银行负债理论中，存款理论曾占据着正统理论的地位。

存款理论的主要内容包括：存款是银行最主要的资金来源，是银行资产经营活动的基础；存款是被动的、从属的，受存款人的意志左右的，尽管银行可以采用许多办法去争取存款，但存款能否形成最终取决于存款人的意志，即存与不存、存多存少都是存款人自主决策的结果；存款构成银行的成本，而不是收入盈利的来源，银行应当为存款人支付存款利息，以作为存款人出让资金使用权的报酬；无论是存款人还是银行，都十分关心存款的安全性；为了实现银行经营的稳定性和安全性，资金运用必须限制在存款稳定的沉淀额度之内。

存款理论的逻辑结论就是：强调按客户的意愿组织存款，遵循安全性原则管理存款，根据存款的总量和结构来安排贷款，参考贷款收益来支付存款利息，不主张盲目发展存贷业务，不赞成盲目冒险的获利经营。存款理论的缺陷在于它没有认识到银行在扩大存款或其他负债方面的能动性，也没有认识到负债结构、资产结构以及资产负债综合关系的改善对于保证银行资产的流动性、提高银行盈利性等方面的作用。

4.2.2　购买理论

购买理论 (the buying theory) 最主要的特征是主动性，该理论认为银行对负债并非是被动的，银行可以主动地负债，主动向外界购买资金。与存款理论截然不同，购买理论使得从被动的存款观念变为主动的解款观念，变消极地付息为积极的负债购买。

购买理论的主要内容包括：银行购买资金的目的是增强银行的流动性，这使得商业银行在流动性管理方面要比资产管理理论下更为主动和灵活；对购买对象即资金的供应者来说更加广泛，除了一般公众可以作为存款者和金融债券的持有者之外，中央银行、同业金融机构、财政机构等，都可以成为商业银行负债的购买对象；在实现购买行为上，最主要的手段是直接或间接提高资金价格，如高利息、隐蔽补贴、免费服务等高于一般利息的价格；购买负债可以适应银行积极资产拓展的需求，通过主动购买负债行为，商业银行摆脱了传统存款不可控的羁绊。

购买理论在银行盛行的条件是通货膨胀下的实际低利率和负利率，是实物资产的不景气和金融资产投资的繁荣状态，通过刺激信贷规模以弥补低利率下的银行利润。但是，它也使得银行片面扩大负债，增加了银行成本，加重债务危机和通货膨胀。

4.2.3　销售理论

销售理论 (marketing theory) 最主要的特征是推销金融产品和金融服务的营销策略。随着银行竞争的日益加剧，商业银行开始以加强服务及"以客户为中心"的理念提高自身竞争力，从而在 20 世纪 80 年代诞生了销售理论。存款理论和购买理论都是着眼于资金，而销售理论是将银行作为制造金融产品的企业，银行负债管理的重心是要通过服务途径大量销售金融产品，以达到吸收资金和获得预期收益的目的。

销售理论的主要内容包括：银行服务的出发点和归宿是以客户的利益和需要为准则，表面上银行是资金的汇集中心，实质上是利益调节配置的中心；以客户至上，竭诚为客户提供金融服务，要善于利用服务手段达到吸收资金的目的；要根据不同客户的需求，预测市场状况，开发金融产品。

销售理论将现代企业营销思想注入银行负债经营中，标志着负债管理理论发展的时代属性和新趋势。与其他理论一样，销售理论不能根本取代其他负债理论，只是丰富和补充了负债管理理论。

4.3 资产负债管理理论

资产负债管理最初是针对利率风险而发展起来的。美国在利率放松管制前，金融产品或负债的市场价值波动不大，但随着1979年对利率的管制放松以后，金融资产负债就有了剧烈的波动，由此也导致投资机构作决策时更多地注意到同时考虑资产和负债。

4.3.1 基本内容

资产负债管理理论 (the asset-liability management theory) 的基本原理是仅对资产或仅对负债进行管理，都难以形成商业银行对安全性、流动性和盈利性的均衡。商业银行只有根据对经济环境的分析以及综合考虑流动性风险、利率风险、经营风险的情况下，通过对资产与负债的总量、结构以及成本、收益进行统一协调管理，才能使银行风险—收益达到均衡，实现银行资产的收益与负债的成本二者之差额最大化的目标。

资产负债管理是商业银行经营方式上的一次重大变革，它对商业银行、金融界和经济运行都产生了深远影响。对商业银行本身来讲，第一，它增加了银行抵御外部经济变化的能力。资产负债管理运用现代化的管理方法及技术手段，从资产负债的总体上协调资产与负债的矛盾，并围绕解决这一矛盾的关键因素即利率，建立了一整套的防御体系，使得银行在调整资产负债结构方面具有较强的灵活性和应变力，提高了银行对抗风险的能力。第二，资产负债管理有助于减轻银行"借短放长"的矛盾。利率自由化引起筹资成本的提高，迫使商业银行减少冒险性的放款和投资策略，采取更为谨慎的态度对待放款和投资。

4.3.2　基本原则

1. 偿还期对称性原则

保持偿还期对称性是为了减少流动性风险。对称性主要表现在三个方面：一是总量对称，即要求资产的规模与负债的规模相互适应，实行总量平衡；二是结构对称，即要求资产与负债期限匹配，如活期存款与现金资产相对应，定期存款与长期贷款相对应。当然，银行很难做到每笔资产与每笔负债的期限完全统一，应根据经济条件和经营环境的变化来调整资产与负债结构，以保证安全性、流动性和盈利性的最佳组合；三是速度对称，即注重银行资产负债的偿还期以保持一定程度的对称关系的同时，又不强求机械地搭配，而应注意银行的资产与负债都不同程度地存在着"偿还期转化"的现象，必须予以考虑，实现期限结构的最佳配置。如活期存款一般会有一个稳定的余额可供长期使用，可以"短存长贷"。当然，这种不对称必须保持在适度的范围内。

当一国金融市场发达时，商业银行可以通过从市场上主动负债或者通过资产流动性的互换满足流动性的需要，因此从这个角度来看，可以通过市场避免要求资产和负债偿还期的绝对对称。

偿还期对称程度可以用平均流动率指标 K 来判断，即全部资产平均到期日与全部负债平均到期日之比：

$$K＝全部资产平均到期日 / 全部负债平均到期日$$

若 $K=1$，表示资产和负债的偿还期基本对称；若 $K>1$，表示资产的平均偿还期比负债的平均偿还期长，长期资产的运用比长期负债的来源多，应采取措施减少长期资产或增加长期负债；若 $K<1$，表示资产的平均偿还期比负债的平均偿还期短，表面长期资金未被有效运用到长期资产上，银行收益还有提高的空间。但需要特别注

意的是，当资产期限结构和负债期限结构极度不对称时，也可能出现平均到期日都相同的情况，因此商业银行除了要考察 K 值，还要再对商业银行资产负债结构进行认真分析，才能得到正确的结果。

2. 目标替代性原则

银行经营的"安全性、流动性、盈利性"三者之间存在此消彼长的关系，无法实现三个目标同时达到最优，但是存在共同的目标，即总效用。因此可以使用效用函数目标将这三个目标有效结合，可对三个目标的效用进行比较，使它们相互替代、相互补充，最终达到商业银行总效用不降低的目的。目标替代性原则是指银行可以对"三性"经营目标统筹考虑，以总效用最大化作为银行优化决策的目标。

3. 风险分散化原则

风险分散化原则是指银行应将资产在不同的客户、不同的种类之间进行有效分散，以避免风险过于集中。

4.3.3　资产负债管理工具

商业银行资产负债管理工具主要包括表内管理工具和表外管理工具两类。其中，表外管理工具指运用金融衍生工具管理利率风险的技术，如金融期货、利率调期、利率调期期权等。表内管理工具是根据预测利率的变化积极调整银行的资产负债结构，对表内资产负债项目的期限进行比较和调整，利率风险管理工具包括基于当前收益法 (the current earning approach) 的缺口模型和基于市场价值法 (the economic value approach) 的久期模型。下面重点介绍表内管理工具。

1. 缺口管理

(1) 利率敏感性资产与利率敏感性负债

资产负债管理中将用户资产和负债分为两大类，利率敏感性的和利率非敏感性的。

所谓利率敏感性资产 (rate sensitive assets，RSA) 是指那些在市场利率发生变化时，收益率或利率随之发生变化的资产。相应的利率非敏感性资产则是指对利率变化不敏感，或者说利息收益不随市场利率变化而变化的资产。利率敏感性资产主要包括：短期债券资产、短期贷款资产、浮动利率证券与资产等。利率非敏感性资产主要包括：现金及在其他银行存款、固定利率贷款、固定利率证券、房产与设备等。

利率敏感性负债 (rate sensitive liabilities，RSL) 是指那些在市场利率发生变化时，收益率或利率随之发生变化的负债。相应的利率非敏感性负债则是指对利率变化不敏感，或者说利息支出不随市场利率变化而变化的负债。利率敏感性负债主要包括：货币市场借款、浮动利率付款等。利率非敏感性负债主要包括：活期存款、固定利率存款、固定利率债券等。

(2) 利率敏感性缺口

利率敏感性缺口，简称缺口 (GAP)，是指在一定时期内，商业银行利率敏感性资产与利率敏感性负债之间的差额。它主要考察利率敏感性资产和利率敏感性负债总量在某一时点的净敞口头寸。通常缺口的绝对值越大，银行承担的利率风险也就越大。

利率敏感性缺口 (GAP) 计算公式如下：

$$GAP=RSA-RSL$$

当 GAP >0 时，称为正缺口，正缺口说明银行的利率敏感性资产多于利率敏感性负债；当 GAP <0 时，称为负缺口，负缺口说明银行的利率敏感性负债多于利率敏感性资产；当 GAP =0 时，称为零缺口，零缺口说明银行的利率敏感性资产等于利率敏感性负债。

(3) 缺口管理技术

缺口管理技术就是通过变动利率敏感性缺口的大小来隔离利率变动不利收益的风险管理方法。

假定利率期限结构为平的，且利率期限结构为平移方式，则净利息收入变化 (ΔNII)、利率变化 (Δr) 及缺口 (GAP) 三者的关系式如下：

$$\Delta\text{NII} \approx \Delta r \times \text{GAP} = \Delta r \times (\text{RSA} - \text{RSL})$$

当缺口为正时，表现为净资产对利率敏感，市场利率再定价将影响收益性资产的现金流入。某一时期当利率上升时，资产利息收入的增长会快于负债利息支出的增长，银行净利息收入会上升；当利率下降时，会产生相反的结果，利息收入下降会大于利息支出的减少，银行净利息收入会下降。

当缺口为负时，表现为净负债对利率敏感，市场利率再定价将导致筹资成本的调整。某一时期当利率上升时，负债利息支出的增长会快于资产利息收入的增长，银行净利息收入会下降；当利率下降时，会产生相反的结果，负债利息支出的减少会快于资产利息收入的减少，银行净利息收入会增加。

当缺口为 0 时，金融机构的净利息收入不受利率变动的影响。

缺口管理的主要目的是管理短期净利息收入，即稳定或提高预期的利息收入。商业银行通过在利率预测的基础上，配置资产与负债数量、利率及期限结构，以构筑一个顺应利率变动的利率敏感性缺口，从而降低利率风险，确保实现预期净利息收入为目标的资产负债管理方法。利率敏感性缺口与净利息收入变动的关系如表 4-1 所示。

表 4-1　利率敏感性缺口与净利息收入变动的关系

敏感性缺口	预期利率	利息收入	比较	利息支出	利息收入变动
正	上升	增加	>	增加	增加
正	下降	减少	>	减少	减少
负	上升	增加	<	增加	减少
负	下降	减少	<	减少	增加
零	上升	增加	=	增加	不变
零	下降	减少	=	减少	不变

(4) 缺口管理的缺陷

利率敏感性缺口管理是对利率风险的静态衡量,它主要衡量的是利率风险中的重新定价风险、再投资和再筹资风险,未考虑基差风险、收益率曲线风险和期权风险。它的不足之处在于:一是假设所有存贷款利率变化相同,没有考虑每个时间段内不同资产负债利率变动不同的基准风险,这与实际情况并不相符;二是假设每个时间段内的资产和负债在同一时间重新定价,忽略了不同资产和负债重新定价时间分布的差异;三是没有考虑银行贷款分期还本付息会带来的现金流等。

【案例 4-1】 缺口管理案例

在实务中,缺口管理工作主要包括计算缺口大小、预测利率变动趋势、调整缺口三个部分。如某银行预定损失 25 万元,资产负债利率敏感性分析如表 4-2 所示,由表可见,该行"7 天内"的缺口头寸是 -25 044 万元,为负缺口。其他期限均为正缺口。利率敏感性资产负债合计差额为 -12 501 万元,表明该行资产负债整体结构呈现负债敏感性差额风险。预期利率上升 1% 时,"7 天内"净利息收入损失 250 万元,而合计净利息收入损失为 125 万元。假定利率上升 1%，该行可承受的利息损失的最大限度为 100 万元，超过预定损失 25 万元。

表 4-2　资产负债利率敏感性分析表

单位：万元

项目	7 天内	7~30 天	1~3 个月	3~6 个月	6~12 个月	1 年以上	合计
利率敏感性资产	12 006	1 143	628	9 472	4 768	6 342	34 359
利率敏感性负债	37 050	159	179	1 919	1 309	6 253	46 869
利率敏感比率	0.32	7.19	3.51	4.94	3.64	1.01	0.73
利率敏感性缺口头寸	-25 044	984	449	7 553	3 459	89	-12 510
累计利率敏感性缺口头寸	-25 044	-24 060	-23 611	-16 058	-12 599	-12 510	-12 510
利率敏感性类型	负债	资产	资产	资产	资产	资产	负债
利率上升 1% 净利息收入变动量	-250.44	9.84	4.49	75.53	34.59	0.89	-125.10
利率上升 1% 累计净利息变动量	-250.44	-240.60	-236.11	-160.58	-125.99	-125.10	-125.10

　　由于利率敏感性负债的主动权掌握在银行客户手里，仅以利率敏感性资产为调整对象进行调整，且只对"7 天内"资产进行调整，得到调整后的资产负债利率敏感性分析表如表 4-3 所示。预期利率上浮 1% 时，保持利率敏感性资产负债为正缺口，可使净利息收入增加 74.9 万元。

表 4-3　调整后资产负债利率敏感性分析表

单位：万元

项目	7 天内	7~30 天	1~3 个月	3~6 个月	6~12 个月	1 年以上	合计
利率敏感性资产	32 006	1 143	628	9 472	4 768	6 342	54 359
利率敏感性负债	37 050	159	179	1 919	1 309	6 253	46 869
利率敏感比率	0.86	7.19	3.51	4.94	3.64	1.01	1.16
利率敏感性缺口头寸	-5 044	984	449	7 553	3 459	89	7 490
累计利率敏感性缺口头寸	-5 044	-4 060	-3 611	3 942	7 401	7 490	7 490
利率敏感性类型	负债	资产	资产	资产	资产	资产	负债
利率上升 1% 净利息收入变动量	-50.44	9.84	4.49	75.53	34.59	0.89	74.90
利率上升 1% 累计净利息变动量	-50.44	-40.60	-36.11	39.42	74.01	74.90	74.90

可见，商业银行通过准确预测利率走势，积极调整资产负债结构，不但能规避利率风险，而且将扩大银行盈利能力。

2. 久期缺口

(1) 久期的定义

久期最早由麦考利于 1938 年首先提出，故被称为麦考利久期 (macaulay duration)。他认为久期是对时间的加权平均，投资者在每一段时间内会取得资产回报，每期折现的到期收益是时间的权重。久期的计算公式为：

$$D=\frac{\sum_{i=1}^{T}\frac{C_i i}{(1+r)^i}}{P}$$

其中，D 为麦考利久期，P 表示债券价值，C_i 表示 i 期现金流，T 表示到期时间，r 表示收益率。久期表示的是债券价格对利率的敏感性线性度量，更精确的可考虑修正久期，公式为：

$$D^* = -\frac{\frac{\partial P}{P}}{\partial r}$$

修正久期反映了市场利率每变化一个百分比，债券价格变化的程度。修正久期越大，意味着债券面临的市场风险越大。

(2) 久期缺口的计算

久期缺口是资产平均久期与负债平均久期和资产负债率乘积的差额，计算公式为：

$$D_{gap} = D_A - K \times D_L$$

其中，D_A 为负债久期，D_L 为资产久期，K 为资产负债率 L/A。

当 $D_{gap} > 0$ 时，称为正缺口；当 $D_{gap} < 0$ 时，称为负缺口；当 $D_{gap} = 0$ 时，称为零缺口。

(3) 久期缺口的管理

久期缺口管理是一种动态的缺口分析方法。运用久期缺口管理理论管理利率风险的过程中，不但能够实现利率风险免疫，同时也能够改变缺口正负向配合利率走势预期获利。久期缺口与利率风险的关系，所导致的银行价值的变化如表 4-4 所示。

表 4-4　久期缺口与利率风险的关系

久期缺口	市场利率的变化	资产	比较	负债	所有者权益
正	上升	减少	>	减少	减少
正	下降	增加	>	增加	增加
负	上升	减少	<	减少	增加
负	下降	增加	<	增加	减少
零	上升	减少	=	减少	不变
零	下降	增加	=	增加	不变

在把久期缺口理论运用于利率风险管理的过程中，按照其对利率风险的不同态度，可划分为如下两种管理策略。

零缺口管理策略。零缺口管理策略指的是银行无法准确把握利率未来走势时，为了消除利率风险而选择将久期缺口维持在零的状态。在零缺口这种管理策略之下，银行不因利率向有利于自己方向发展而获取额外的收益，也不因为利率向不利于自己方向发展从而蒙受过大的损失。利用久期的特性，如果使资产和负债的久期相等，就可以达到利率风险"免疫"的目的。

积极的缺口管理策略。积极的缺口管理策略指的是银行可以在准确地把握和预测利率的未来走势的前提下，对久期缺口进行调整，进而在利率发生变动时获利。如预测未来市场利率上升，调整久期缺口为负，银行所有者权益与利率同向变动，银行获利。由于这种搭配策略的成功是基于对利率走势的准确预测，倘若预测趋势和实际变动的方向完全相反，就可能会给银行带来更大的风险，所以通常的情况是商业银行比较谨慎地采取这种策略。

两种策略各有利弊，银行如何能够在积极地进行风险控制的同时获利，这就要求风险管理人员在风险面前时刻保持冷静的头脑，根据风险管理要求和目标选择合适的缺口管理策略。

|本章小结|

1. 商业银行的资产负债管理理论经历了三个演变过程，即资产管理理论、负债管理理论、资产负债全面管理理论。

2. 资产负债管理要遵守偿还期对称性原则、目标替代性原则和风险分散化原则。

3. 利率风险管理工具包括基于当前收益法的缺口模型和基于市场价值法的久期模型。

4. 敏感性缺口管理的主要目的是管理短期净利息收入，即稳定或提高预期的利息收入。商业银行通过在预测利率的基础上，配置资产与负债数量、利率及期限结构，以构筑一个顺应利率变动的利率敏感性缺口，从而降低利率风险，确保实现预期净利息收入目标。

5. 久期缺口是资产平均久期与负债平均久期和资产负债率乘积的差额。久期缺口管理是一种动态的缺口分析方法。久期缺口是金融工具现金流的加权平均时间，可以理解为金融工具各期现金流抵补最初投入的平均时间，实际上是加权的现金流量现值与未加权的现值之比。久期越长，资产和负债对利率的变动越敏感，即利率风险越大。按照对利率风险的不同态度，久期缺口管理可划分为零缺口管理策略和积极的缺口管理策略两种策略。

| 实训练习 |

假设资产负债表中每项资产和负债的利率期限结构相同，且利率发生相同的变化(即利率的期限结构曲线平行移动)。A 为总资产，L 为总负债，E 为所有者权益。

D_A 为资产的平均久期，D_L 为负债的平均久期。ΔE 为所有者权益的变化量。

表 4-5 提供了某银行简化的资产负债表和以年为单位的每一类资产和负债的修正久期。

表4-5　某银行利率风险基本情况表

单位：百万美元

项目	现值	权重	修正久期	利率上升2%后的现值
一、资产				
1. 证券				
流动性	150	0.15	0.500	148.6
投资性	100	0.10	3.500	93.6
2. 贷款				
浮动	400	0.40	0.000	400.0
固定	350	0.35	2.000	337.3
总资本	1 000	1.00	1.125	
二、负债和所有者权益				
1. 交易账户存款	400	0.44	0.000	400.0
2. 存单和其他定期存款				
短期	350	0.40	0.400	347.5
长期	150	0.16	2.500	143.7
总负债	900	1.00	0.572	891.2
权益净值	100		88.300	
总负债和所有者权益	1 000			979.5

(1) 计算总资产的修正久期

总资产的修正久期为：

$$D_A = 0.15 \times 0.5 + 0.1 \times 3.5 + 0.4 \times 0 + 0.35 \times 2 = 1.125$$

(2) 计算总负债的修正久期

总负债的修正久期为：

$$D_L = 0.44 \times 0 + 0.16 \times 0.4 + 0.4 \times 2.5 = 0.572$$

(3) 计算银行的久期缺口

银行的久期缺口为：

$$D_{\text{gap}} = D_A - (L / A)D_L$$

$$= 1.125 - (900 / 1\,000) \times 0.572 = 0.61$$

(4) 计算利率上升 2% 后，银行收益的变化

通过修正久期进行减值估计，已知修正久期公式如下：

$$D_A = -\frac{\frac{\partial P}{P}}{\partial r}$$

当 Δr 相对较小时，我们可以用以下公式近似计算：

$$\frac{\Delta P}{P} \approx -D_A \cdot \Delta r$$

当利率上升 2% 后，银行价值变化量为：

$$\Delta E = -D_{\text{gap}} \cdot \Delta r \cdot A$$
$$= -0.61 \times 2\% \times 1\,000\,000\,000 = -12\,200\,000 元$$

由上式可知：用久期缺口公式估算的所有者权益价值大约损失 1 220 万美元。

根据表 4-5，通过实际计算得到所有者权益下降了 1 170 万元，即从 1 亿美元下降到 8 830 万美元。可见，用久期缺口公式估算的所有者权益价值 1 220 万美元略低于根据表 4-5 直接计算的 1 170 万美元。通过计算久期缺口，银行可以预先测算出利率变化给银行的资产价值带来的损失，识别进而防范利率风险。

(5) 基于久期缺口的商业银行资产负债管理策略

可以通过久期免疫策略对商业银行进行资产负债管理。通过重构资产负债权重，使得久期缺口为零，达到利率免疫的效果，即：

$$D_{\text{gap}} = D_A - (L/A)D_L = 0$$

已知 D_A=1.125，D_L=0.527，在 L/A 不变的前提下，可以通过改变证券和贷款的占比来调整 D_A，或通过改变负债各部分占比来调整 D_L。也可以通过调整资产和负债的期限来调整 D_A 和 D_L，只要最终 D_{gap} 为零，则意味着无论市场利率如何变化，银行总价值不变。

第5章

商业银行风险管理

商业银行的本质是经营风险，风险管理是现代商业银行管理的核心，风险管理水平决定着银行的发展水平。商业银行在为机构和个人提供各种金融产品与服务的同时，风险也存在于银行业务中的每一个环节。因此，商业银行提供金融服务的过程也是承担和控制风险的过程。

5.1 银行风险的定义、特征及分类

5.1.1 银行风险的定义

风险的定义大致可分为三种：一是对未来结果的不确定性；二是发生损失的可能性；三是未来结果对期望的偏离，即波动性。银行风险是指在商业银行经营过程中，受不确定性因素的影响，使得银行实际收益偏离预期收益，从而导致其遭受损失或获取额外收益的可能性。

5.1.2 银行风险的特征

1. 涉及金额大、涉及面广、传染性强

商业银行作为经营货币信用业务的企业，最显著的特点是负债经营，利用客户的各种存款以及借入资金作为主要运营资金，通过发放贷款和投资获取收益，这一经营特点决定了商业银行本身就是一种具有内在风险的特殊企业。因而银行风险导致的损失超过一般企业的风险损失，涉及金额大、涉及面广。近年来银行业经营环境不断变化、业务复杂程度上升，银行表内与表外业务之间，银行与证券、保险之间的关联度上升，金融风险的传染性增强。

2. 银行风险既是银行发展的内在动力又是制约

一方面，银行风险客观存在于银行经营活动过程中，为银行带来挑战的同时又创造了机遇，如若银行能够有效控制风险，规避风

险带来的负面效应，便可获取收益。从这个意义上讲，银行风险推动银行业的发展。但另一方面，银行风险可能造成的严重后果能够对银行行为产生一定的约束，成为银行风险资产业务过度扩张的有效制约力量。

3. 风险的隐蔽性增强、复杂性和危害性提高

部分企业通过多头融资、借新还旧掩盖风险，银行在理财、代销等业务中存在不同程度的隐性担保，使得风险的隐蔽性增强。不同类型的风险有可能多点爆发和转换，风险的复杂性和危害性提高。

5.1.3 银行风险的类型

根据诱发风险的原因，可将商业银行风险分为信用风险、市场风险、流动性风险、操作风险等。

1. 信用风险 (credit risk)

信用风险是商业银行面临的最主要的风险之一。信用风险是指借款人或交易对手未履行其财务性的或合约性的债务义务而使商业银行蒙受损失的风险。信用风险与以下三个变量有关：

(1) 违约 (default)，即交易对手未能履行约定，违约可能性通过违约概率 (probability of default，PD) 来度量。

(2) 违约暴露 (exposure at default，EAD)，是指债务人违约时预期表内项目和表外项目的风险暴露总额，包括已使用的授信余额、应收未收利息、未使用授信额度的预期提取数量以及可能发生的相关费用等。

(3) 违约损失率 (loss given default，LGD)，是指债务人一旦违约将给债权人造成的损失数额占风险暴露 (债权) 的百分比，即损失的严重程度。

2. 市场风险 (market risk)

市场风险是金融体系中最常见的风险之一。市场风险是指因市场价格的不利变动而使商业银行表内和表外业务发生损失的风险。根据市场变量不同，市场风险又分为利率风险、汇率风险、股票价格风险、商品价格风险等。

3. 流动性风险 (liquidity risk)

流动性风险是指商业银行虽然有清偿能力，但无法及时获得充足资金或无法以合理成本及时获得充足资金，以应对资产增长或支付到期债务的风险。流动性风险包括资产流动性风险和负债流动性风险，其中，资产流动性风险是指资产到期不能如期足额收回，进而无法满足到期负债的偿还和新的合理贷款及其他融资需要，从而给商业银行带来损失的风险；负债流动性风险是指商业银行筹集的资金特别是存款资金，由于内外因素的变化而发生不规则波动，对其产生冲击并引发相关损失的风险。极端情况下，流动性不足甚至会导致银行倒闭。

4. 操作风险 (operational risk)

操作风险是指金融机构因不完善或有问题的内部程序、员工和信息科技系统，以及外部事件所造成损失的风险，包括法律风险，但不包括策略风险和声誉风险。操作风险损失事件类型目录如表5-1所示。

表 5-1　　操作风险损失事件类型目录

1 级目录	简要解释	2 级目录	3 级目录
内部欺诈	故意骗取、盗用财产或违反监管规章、法律或公司政策导致的损失，此类事件至少涉及内部一方，但不包括歧视及差别待遇事件	行为未经授权	故意隐瞒交易
			未经授权交易导致资金损失
			故意错误估价
			其他
		盗窃和欺诈	欺诈/信用欺诈/不实存款
			盗窃/勒索/挪用公款/抢劫
			盗用资产
			恶意损毁资产
			伪造
			支票欺诈
			走私
			窃取账户资金/假账/假冒开户人等
			违规纳税/故意逃税
			贿赂/回扣
			内幕交易(不用本行的账户)
			其他
外部欺诈	第三方故意骗取、盗用财产或逃避法律导致的损失	盗窃和欺诈	盗窃/抢劫
			伪造
			支票欺诈
			其他
		系统安全性	黑客攻击损失
			窃取信息造成资金损失
			其他
就业制度和工作场所安全事件	违反劳动合同法，就业、健康或安全方面的法规或协议，个人工伤赔付或者因歧视及差别待遇事件导致的损失	劳资关系	薪酬、福利、劳动合同终止后的安排
			有组织的工会行动
			其他
		环境安全性	一般性责任(滑倒和坠落等)
			违反员工健康及安全规定
			劳方索偿
			其他
		歧视及差别待遇事件	所有涉及歧视的事件

（续表）

1 级目录	简要解释	2 级目录	3 级目录
客户、产品和业务活动事件	因疏忽未对特定客户履行分内义务(如诚信责任和适当性要求)或产品性质、设计缺陷等导致的损失	适当性，披露和诚信责任	违背诚信责任/违反规章制度
			适当性/披露问题(了解你的客户等)
			未尽向零售客户的信息披露义务
			泄露隐私
			强制推销
			为多收手续费反复操作客户账户
			保密信息使用不当
			贷款人责任
			其他
		不良的业务或市场行为	垄断
			不良交易 / 市场行为
			操纵市场
			内幕交易 (用本行的账户)
			未经有效批准的业务活动
			洗钱
			其他
		产品瑕疵	产品缺陷 (未经许可等)
			模型错误
			其他
		客户选择，业务推介和风险暴露	未按规定审查客户信用
			对客户超风险限额
			其他
		咨询业务	咨询业务产生的纠纷
实物资产的损坏	实物资产因自然灾害或其他事件丢失或毁坏导致的损失	灾害和其他事件	自然灾害损失
			外力 (恐怖袭击、故意破坏) 造成的人员伤亡和损失
信息科技系统事件	业务中断或系统失灵导致的损失	信息系统	硬件
			软件
			网络与通信线路
			动力输送损耗 / 中断
			其他

（续表）

1 级目录	简要解释	2 级目录	3 级目录
执行、交割和流程管理事件	交易处理或流程管理失败和因交易对手方及外部销售商关系导致的损失	交易认定，执行和维护	错误传达信息
			数据录入、维护或登载错误
			超过最后期限或未履行义务
			模型/系统误操作
			账务处理错误/交易归属错误
			其他任务履行失误
			交割失误
			担保品管理失效
			交易相关数据维护
			其他
		监控和报告	未履行强制报告职责
			外部报告不准确导致损失
			其他
		招揽客户和文件记录	客户许可/免则声明缺失
			法律文件缺失/不完备
			其他
		个人/企业客户账户管理	未经批准登录账户
			客户信息记录错误导致损失
			因疏忽导致客户资产损坏
			其他
		交易对手方	与同业交易处理不当
			与同业交易对手方的争议
			其他
		外部销售商和供应商	外包
			与外部销售商的纠纷
			其他

【案例 5-1】联合爱尔兰银行案

　　联合爱尔兰是爱尔兰最大的商业银行，在欧洲金融业享有盛誉。1997 年该行在美国巴尔的摩创建分行——全冠银行。银行在马里兰州和宾西法尼亚州设有 250 个分支机构和分理处，雇用员工 6 000 人。全冠银行最先发现该行外汇交易员鲁斯纳克经手的外汇交易有问题是在 2002 年 1 月。当时，该银行正在对资产进行例行管理审核。恰在此时，鲁斯纳克要求银行中心提供巨额现金支持他的交易战略，银行高级经理人员认为他要求的钱款数额巨大，产生怀疑并开始调查。调查人员发现大量伪造的交易文件后，这起 7.5 亿美元资产不翼而飞的欺诈案方才被揭露出来。联合爱尔兰银行总裁巴克利说："这是一起相当复杂的诈骗案件，可能是内外勾结，绕过某些控制程序，多人联手作案。"该银行业务部总裁布兰布莱也表示，鲁斯纳克必定与公司其他雇员串通一气。通常，外汇交易人员每天经手的货币买卖交易以数十亿美元计，他们不仅从事即时买卖，而且进行远期交易。根据相关规定，为了确保交易损失累计不至过多，交易人员必须通过购买期权合约弥补可能的亏空。如外汇市场走势与交易员的预测背道而驰，他们的交易头寸就会用期权合约弥补。一位交易人员说，因为用于购买期权合约的现金需要在一家信贷银行的账户上预先支付，鲁斯纳克可能一直与外部人员合作。

管理启示：银行员工越权行为造成的操作风险往往非常隐蔽，不易防范，从而给银行带来巨大损失，甚至使银行陷入破产倒闭的境地。值得注意的是，除了员工越权这一因素外，这类风险的发生在很大程度上还在于银行的监督管理不到位。因此，加强对银行操作人员的监督管理，尤其是对其授权、岗位职责的执行情况加强监督检查就显得尤为重要。

5.2　商业银行风险管理程序

商业银行风险管理程序是指商业银行通过风险识别、风险计量、风险评估 (监测) 和风险控制等环节，预防、回避、分散或转移经营中的风险，从而减少或避免经济损失，保证经营资本安全的行为。

5.2.1　风险识别

风险识别是商业银行风险管理的第一个环节，它所要解决的核心问题是判别商业银行所承受的风险在质上归属于何种具体形态。商业银行面临的风险多种多样，且相互交织，需要认真地加以识别，才能对其有效地进行评价和处理。

5.2.2　风险计量

风险计量是商业银行风险管理的第二个环节。通过风险识别，商业银行在准确判别所承受的风险在质上是何种形态后，随之需要进一步把握这些风险在量上可能达到何种程度，以便决定是否加以控制、如何控制。主要方法有客观概率法、统计估值法、回归分析法等。

风险计量方法详见附录。

5.2.3　风险监测

风险监测是商业银行风险管理的第三个环节，它是指对各种风险指标计算的基础上，研究风险的性质、分析风险的影响、寻求风险对策的行为。

商业银行风险监测指标主要分为风险水平、风险迁徙和风险抵补三类指标。

1. 风险水平类指标

风险水平类指标，以时点数据为基础，属于静态指标。包括信用风险指标、市场风险指标、流动性风险指标和操作风险指标。

(1) 信用风险指标

信用风险指标包括不良资产率、单一集团客户授信集中度、全部关联度三类指标。

① 不良资产率为不良资产与资产总额之比，不应高于 4%。不良资产率指标为一级指标，包括不良贷款率一个二级指标，不良贷款率为不良贷款与贷款总额之比，不应高于 5%。

② 单一集团客户授信集中度为最大一家集团客户授信总额与资本净额之比，不应高于 15%。单一集团客户授信集中度指标为一级指标，包括单一客户贷款集中度一个二级指标，单一客户贷款集中度为最大一家客户贷款总额与资本净额之比，不应高于 10%。

③ 全部关联度为全部关联授信与资本净额之比，不应高于 50%。

(2) 市场风险指标

市场风险指标衡量商业银行因利率和汇率变化而面临的风险，包括利率风险敏感度和累计外汇敞口头寸比例。

① 利率风险敏感度为利率上升 200 个基点对银行净值的影响与资本净额之比，指标值将在相关政策出台后根据风险监管实际需要另行制定。

② 累计外汇敞口头寸比例为累计外汇敞口头寸与资本净额之比，不应高于 20%。具备条件的商业银行可同时采用其他方法 (比如 VaR 法和基本点现值法) 计量外汇风险。

(3) 流动性风险指标

流动性风险指标衡量商业银行流动性状况及其波动性。在银监会发布的《商业银行流动性风险管理办法 (试行)》《商业银行流动性覆盖率信息披露办法》(银监发 [2015]52 号) 中，明确了流动性风险监管指标包括流动性覆盖率和流动性比例。

① 流动性覆盖率旨在确保商业银行具有充足的合格优质的流动性资产，能够在银监会规定的流动性压力情景下，通过变现这些资产满足未来至少 30 天的流动性需求。

流动性覆盖率的计算公式为：

$$流动性覆盖率 = \frac{合格优质流动性资产}{未来\,30\,天现金净流出量} \times 100\%$$

流动性覆盖率主要监控银行短期的流动性风险，监管当局要求商业银行的流动性覆盖率应当不低于 100%，流动性覆盖率旨在确保商业银行在设定的严重流动性压力情景下，能够保持充足的、无变现障碍的优质流动性资产，并通过变现这些资产来满足未来 30 日的流动性需求。

② 流动性比例用来衡量商业银行流动性的总体水平，商业银行的流动性比例应当不低于 25%。

流动性比例的计算公式为：

$$流动性比例 = \frac{流动性资产余额}{流动性负债余额} \times 100\%$$

(4) 操作风险指标

操作风险指标衡量由于内部程序不完善、操作人员差错或舞弊以及外部事件造成的风险，表示为操作风险损失率，即操作造成的损失与前三期净利息收入加上非利息收入平均值之比。

2. 风险迁徙类指标

风险迁徙类指标衡量商业银行风险变化的程度，表示为资产质量从前期到本期变化的比率，属于动态指标。风险迁徙类指标包括正常贷款迁徙率和不良贷款迁徙率。

(1) 正常贷款迁徙率

正常贷款迁徙率为正常贷款中变为不良贷款的金额与正常贷款之比，正常贷款包括正常类和关注类贷款。该项指标为一级指标，包括正常类贷款迁徙率和关注类贷款迁徙率两个二级指标。

① 正常类贷款迁徙率为正常类贷款中变为后四类贷款 (关注、次级、可疑和关注) 的金额与正常类贷款之比。

② 关注类贷款迁徙率为关注类贷款中变为不良贷款的金额与关注类贷款之比。

(2) 不良贷款迁徙率

不良贷款迁徙率包括次级类贷款迁徙率和可疑类贷款迁徙率。

① 次级类贷款迁徙率为次级类贷款中变为可疑类贷款和损失类贷款的金额与次级类贷款之比。

② 可疑类贷款迁徙率为可疑类贷款中变为损失类贷款的金额与可疑类贷款之比。

3. 风险抵补类指标

风险抵补类指标用来衡量商业银行抵补风险损失的能力，包括盈利能力、准备金充足程度和资本充足程度三个方面。

(1) 盈利能力

盈利能力指标包括成本收入比、资产利润率和资本利润率。

① 成本收入比为业务及管理费用与营业收入之比，不应高于45%。

② 资产利润率为税后净利润与平均资产总额之比，不应低于0.6%。

③ 资本利润率为税后净利润与平均净资产之比，不应低于11%。

(2) 准备金充足程度

准备金充足程度指标包括资产损失准备充足率和贷款损失准备充足率。

① 资产损失准备充足率为一级指标，为信用风险资产实际计提准备与应提准备之比，不应低于 100%。

② 贷款损失准备充足率为贷款实际计提准备与应提准备之比，不应低于 100%，属二级指标。

(3) 资本充足程度

资本充足程度指标包括核心资本充足率和资本充足率。

① 核心资本充足率为核心资本与风险加权资产之比，不应低于 5%。

② 资本充足率为资本与风险加权资产之比，不应低于 8%。

5.2.4　风险控制

风险控制是指对经过识别和计量的风险采取风险预防、风险规避、风险分散、风险转移等措施，进行有效管理和控制的过程。

1. 风险预防

风险预防是指对风险设置各层预防线的办法。

(1) 商业银行抵御风险的最终防线是保持拥有充足的自有资本。各国金融监管当局将商业银行资本充足性作为金融监管的一项重要内容，对其都有明确的规定，如《巴赛尔协议Ⅲ》规定资本与风险加权资产的最低比例为 8%，并对风险资产的权重提出了规范的计算方法。

(2) 要加强商业银行内部管理，主动调整风险资产结构，使之与资本状况相适应。

(3) 保持一定的准备金也能起到良好的风险防范作用，日常经营中分期提取专项风险补偿金，如风险基金和坏账准备金等，以补偿将来可能出现的损失。

2. 风险规避

风险规避是指对风险明显的经营活动所采取的避重就轻的处理方式。

(1) 事先防范风险

决策时，事先预测风险发生的可能性及其影响程度，对超过商业银行风险承受能力、难以掌控的活动予以回避，如对于风险较大、控制难度大的贷款，必须规避和拒绝。

(2) 实施中控制风险

在实施方案过程中，一旦发现不利情况时，及时调整或中止方案。如在信用贷款过程中，发现借款人财务出现困难，立即停止对客户新增贷款，尽力收回已发放贷款；追加担保人和担保金额；追加资产抵押等。

没有风险就没有收益，规避风险的同时，也会失去在这一业务领域获得收益的机会和可能。

3. 风险分散

风险分散是指通过多样化的投资来分散和降低风险的方法。哈里·马柯维茨 (Harry Markowitz) 的资产组合管理理论认为，只要两种资产收益率的相关系数不为 1(即完全正相关)，分散投资于两种资产就具有降低风险的作用。而对于由非完全正相关的多种资产组成的资产组合，只要组成资产的个数足够多，其非系统性风险就可以通过这种分散化的投资完全消除。风险分散包括随机分散和有效分散。

(1) 随机分散

随机分散是指单纯依靠资产组合中每种资产数量的增加来分散风险，每种资产的选取是随机的。在业务发展正常的条件下，利用扩大业务规模来分散风险。

(2) 有效分散

有效分散是指运用资产组合理论和有关的模型对各种资产进行分析，根据各自的风险、收益特性和相互关系来实现风险、收益最优组合。

商业银行风险分散的具体做法包括资产种类的风险分散、客户种类的风险分散、投资工具种类的风险分散、货币种类的风险分散、国别种类的风险分散等。风险分散只能降低非系统性风险，而对共同因素引起的系统性风险却无能为力，此时采用风险转移策略是最为直接、有效的。

4. 风险转移

风险转移可分为保险转移和非保险转移。保险转移是指为商业银行投保，以缴纳保险费为代价，将风险转移给承保人。非保险转移是指担保和备用信用证等为投资者管理信用风险提供了类似期权合约的工具，将风险合法转移给第三方。同时，金融市场还创造了类似于保险单的期权合约，使投资者可以采取风险转移策略来管理利率、汇率和资产价格波动的风险。

5.3 风险管理案例

本案例数据来源于中国银行（下文简称"中行"）2016 年度报告披露内容。

5.3.1 财务概要

中行 2016 年财务信息如表 5-2 所示。

表 5-2　中行主要财务指标值

单位：百万元

序号	项目	数值	备注
全年业绩			
1	利息净收入	306 048	
2	非利息收入	177 582	
3	营业收入	483 630	3=1+2
4	业务及管理费	(135 820)	
5	资产减值损失	(89 072)	
6	营业利润	220 011	
7	利润总额	222 412	
8	净利润	184 051	
9	归属于母公司所有者的净利润	164 578	
年底			
10	资产总计	18 148 889	
11	客户贷款总额	9 973 362	
12	贷款减值准备	(237 716)	
13	投资	3 972 884	
14	负债总计	16 661 797	
15	客户存款	12 939 748	
16	归属于母公司所有者权益合计	1 411 682	
17	股本	294 388	
主要财务比率			
18	成本收入比	28.08%	=4÷3
19	平均总资产回报率	1.05%	=8÷10(平均) 资产平均余额=(期初资产总计＋期末资产总计)÷2。
20	净资产收益率	12.28%	=9÷16

注：非利息收入＝手续费及佣金净收入＋投资收益＋公允价值变动收益＋汇兑收益＋其他业务收入

5.3.2　风险管理

1. 风险管理目标

本行立足全球银行系统重要性地位，积极应对经济发展新常态，持续满足外部监管要求，坚持问题导向与顶层设计原则，构建与经营模式相适应的风险管理体系。本行风险管理的目标是在满足监管部门、存款人和其他利益相关者对银行稳健经营要求的前提下，在银行可接受风险范围内，通过优化资本配置，实现股东利益最大化。

2. 风险管理内容

本行风险管理的内容主要包括：对信用风险、市场风险、流动性风险和操作风险四类风险的管理。

(1) 信用风险管理

中行密切跟进宏观经济金融形势，抓化解、控风险、促发展、强基础，强化信贷资产质量管理，完善信用风险管理政策，推进信贷结构优化，提升风险管理的主动性与前瞻性。

以客户为中心，进一步强化统一授信，全面扎口信用风险管理。完善资产质量监控体系，通过强化贷后管理、加强客户集中度管控、建立大户风险化解责任制等措施，进一步完善潜在的风险识别、管控和化解机制。

根据中国银监会制定的《贷款风险分类指引》，科学衡量与管理信贷资产质量。《贷款风险分类指引》要求中国商业银行将信贷资产分为正常、关注、次级、可疑、损失五类，其中后三类被视为不良贷款。为提高信贷资产风险管理的精细化水平，中行对中国内地公司类贷款实施十三级风险分类，范围涵盖表内外信贷资产。加强对重点行业、重点地区和重大风险事项的风险分类管理，及时进行动态调整。强化贷款期限管理，对逾期贷款实行名单式管理，及时调整风险分类结果，如实反映资产质量。

信用风险敞口主要来源于信贷业务以及债券投资业务。此外，表外金融工具也存在信用风险，如衍生交易、贷款承诺、承兑汇票、保函及信用证等。中行将客户按信用等级划分为 A、B、C、D 四大类，并进一步分为 AAA、AA、A、BBB+、BBB、BBB-、BB+、BB、BB-、B+、B-、CCC、CC、C、D，共 15 个信用等级。D 级为违约级别，其余为非违约级别。

2016 年末，中行贷款总额 99 733.62 亿元，其中，不良贷款总额为 1 460.03 亿元，比上年末增加 151.06 亿元，不良贷款率为 1.46%，比上年末上升 0.03 个百分点。关注类贷款余额为 3 106.30 亿元，比上年末增加 814.65 亿元，占贷款余额的 3.11%，比上年末上升 0.6 个百分点。具体情况如表 5-3、表 5-4 所示。

表 5-3　贷款五级分类情况

单位：百万元

项目	2016 年 12 月 31 日		2015 年 12 月 31 日	
	金额	占比	金额	占比
正常	9 516 729	95.43%	8 775 798	96.06%
关注	310 630	3.11%	229 165	2.51%
次级	61 247	0.61%	58 741	0.64%
可疑	36 817	0.37%	41 516	0.45%
损失	47 939	0.48%	30 640	0.34%
贷款合计	9 973 362	100.00%	9 135 860	100.00%
不良贷款总额	146 003	1.46%	130 897	1.43%

表 5-4　贷款五级分类迁徙率

贷款类别	2016 年	2015 年
正常	3.05%	2.22%
关注	19.39%	22.07%
次级	36.67%	48.25%
可疑	44.31%	46.25%

按照审慎、真实的原则，及时、足额计提贷款减值准备。贷款减值准备包括按单项方式评估和按组合方式评估的准备。2016 年末，集团贷款减值准备余额 2 377.16 亿元，比上年末增加 370.51 亿元；不良贷款总额 1 460.03 亿元，不良贷款拨备覆盖率

162.82%，比上年末上升 9.52 个百分点；贷款减值损失 867.95 亿元，同比增加 309.23 亿元，信贷成本为 0.91%，同比上升 0.28 个百分点。

同时，持续加强对贷款客户的集中风险控制，符合借款人集中度的监管要求。2016 年末，本行单一最大客户贷款比例、最大十家客户贷款比例、十大单一借款人如表 5-5 和表 5-6 所示。

表 5-5　集中度监管指标

指标	2016 年 12 月 31 日	2015 年 12 月 31 日	监管标准
单一最大客户贷款比例	2.3%	2.3%	≤ 10%
最大十家客户贷款比例	14.2%	14.0%	≤ 50%

注：单一最大客户贷款比例 = 单一最大客户贷款余额 ÷ 资本净额；

　　最大十家客户贷款比例 = 最大十家客户贷款余额 ÷ 资本净额

表 5-6　2016 年末十大单一借款人

单位：百万元

客户名称	所属行业	是否关联方	贷款余额	占贷款总额百分比
客户 A	制造业	否	36 765	0.37%
客户 B	交通运输、仓储和邮政业	否	32 776	0.33%
客户 C	交通运输、仓储和邮政业	否	31 297	0.31%
客户 D	商业及服务业	否	19 751	0.20%
客户 E	水利、环境和公共设施管理业	否	18 984	0.19%
客户 F	商业及服务业	否	18 965	0.19%
客户 G	交通运输、仓储和邮政业	否	18 751	0.19%
客户 H	交通运输、仓储和邮政业	否	17 501	0.18%
客户 I	电力、热力、燃气及水生产和供应业	否	17 091	0.17%
客户 J	采矿业	否	16 736	0.17%

(2) 市场风险管理

本行针对市场环境、业务发展和管控要求的变化，及时采取优化措施，全面提升市场风险管理体系有效性，持续提升市场风险管理的灵活性和前瞻性。加强金融市场趋势研判，主动调整业务策略，积极防控市场风险。董事会承担对市场风险管理实施监控的最终责任，负责审批市场风险管理的政策和程序，确定可承受的市场风险水平。高级管理层负责落实董事会确定的市场风险管理政策与市场风险偏好，协调风险总量与业务目标的匹配。市场风险管理部门负责集团层面市场风险识别、计量、监测、控制与报告，业务部门负责对所管理账户的市场风险的监控和报告。

本行承担了由于市场价格 (包括利率、汇率、股票价格和商品价格) 的不利变动使银行表内和表外业务发生损失的市场风险。市场风险主要存在于交易账户与银行账户中。

① 交易账户。交易账户包括为交易目的而持有的或为了对冲交易账户其他风险而持有的金融工具或商品头寸。在交易账户市场风险管理方面，本行每日监控交易账户整体风险价值、压力测试和敞口限额，跟踪交易台和交易员各类限额执行情况。

表 5-7 按照不同的风险类型列示了 2016 年度及 2015 年度本行交易账户的风险价值。每类风险因素的风险价值都是独立计算得出的，即仅因该风险因素的波动而可能产生的特定持有期和置信水平下的最大潜在损失。由于各类风险因素之间会产生风险分散效应，各类风险价值的累加并不能得出风险价值总额。

表 5-7　交易账户风险价值

单位：百万美元

风险类型	2016 年			2015 年		
	平均	高	低	平均	高	低
利率风险	10.24	16.45	6.59	6.98	13.32	3.44
汇率风险	5.24	9.75	2.62	3.86	8.41	1.81
波动风险	0.69	1.55	0.29	0.30	0.81	0.09
商品风险	0.93	1.56	0.01	0.71	1.32	0.06
风险价值总额	10.31	17.45	6.75	7.91	14.41	4.09

② 银行账户。银行账户包括除交易账户外的金融工具 (包括本

行运用剩余资金购买金融工具所形成的投资账户)。

　　银行账户承担的利率风险主要来源于银行账户资产和负债重新定价期限不匹配，以及资产负债所依据基准利率变动的不一致。因存在利率风险敞口，本行的财务状况会受到市场利率水平波动的影响。

　　净利息收入的敏感度分析。本行通过衡量利率变动对净利息收入的影响进行敏感度分析。本行大部分的业务以人民币为交易货币，此外有美元、港币和少量其他外币业务。假设所有货币收益率曲线向上或向下平行移动 25 个基点，全行净利息收入敏感性状况如表 5-8 所示，不同货币的净利息收入敏感性状况如表 5-9 所示。

表 5-8　全行净利息收入敏感度分析

	2016 年 12 月 31 日	2015 年 12 月 31 日
各收益率曲线向上平移 25 个基点	(3 001)	(2 566)
各收益率曲线向下平移 25 个基点	3 001	2 566

表 5-9　主要货币净利息收入敏感度分析

单位：百万元

项目	2016 年 12 月 31 日				2015 年 12 月 31 日			
	人民币	美元	港币	其他	人民币	美元	港币	其他
上升 25 基点	(2 316)	(560)	97	(222)	(2 046)	(191)	(90)	(239)
下降 25 基点	2 316	560	(97)	222	2 046	191	90	239

　　本行通过合理安排外币资金的来源和运用，以最大限度减少潜在的货币错配，通过控制外汇敞口以实现对汇率风险的管理。对汇率风险进行汇率敏感性分析，以判断外币对人民币的潜在汇率波动对税前利润和权益的影响。表 5-10 列示了本行主要币种外汇风险敞口的汇率敏感性分析。该分析未考虑不同货币汇率变动之间的相关性，也未考虑管理层在资产负债表日后可能已经或可以采取的降低汇率风险的措施，以及外汇敞口的后续变动。

表 5-10　主要币种汇率敏感性分析

单位：百万元

币种	汇率变动	对税前利润的影响	对权益的影响
美元	1%	631	325
港元	1%	(247)	2 012

　　本行主要通过利率重定价缺口分析来评估银行账户利率风险，并根据市场变化及时进行资产负债结构调整，将利息净收入的波动控制在可接受水平，如表 5-11 所示。

表 5-11　利率重定价缺口分析

单位：百万元

时间 项目	2016 年 12 月 31 日						
	1 个月以内	1～3 个月	3 个月~1 年	1～5 年	5 年以上	非利息	合计
资产							
现金及存放中央银行款项	2 064 238	1 431	1 364	781	—	281 374	2 349 188
存放同业款项	176 032	223 847	178 222	2 020	—	2 313	582 434
拆出资金	126 768	106 993	223 426	26 742	—	—	483 929
以公允价值计量且其变动计入当期损益的金融资产	9 184	19 636	29 709	23 198	30 467	11 896	124 090
衍生金融资产	—	—	—	—	—	130 549	130 549
买入返售金融资产	105 193	4 001	925	—	—	—	110 119
应收利息	—	—	—	—	—	79 836	79 836
发放贷款和垫款	2 641 864	2 056 767	4 581 188	104 586	54 745	296 496	9 735 646
可供出售金融资产	73 205	175 806	245 619	662 649	394 030	58 521	1 609 830

（续表）

时间 项目	2016 年 12 月 31 日						
	1 个月以内	1～3 个月	3 个月～1 年	1～5 年	5 年以上	非利息	合计
持有至到期投资	17 739	63 545	216 412	966 564	578 783	—	1 843 043
应收款项类投资	4 341	15 611	16 767	234 036	123 788	1 378	395 921
持有待售资产	27 428	5 973	5 630	4 285	3	7 052	50 371
其他	3 536	578	3 413	—		646 406	653 933
资产合计	5 249 528	2 674 188	5 502 675	2 024 861	1 181 816	1 515 821	18 148 889
负债							
向中央银行借款	343 246	131 312	380 647	11 862	—	27	867 094
同业及其他金融机构存放款项	921 705	97 435	180 102	73 590	—	147 695	1 420 527
拆入资金	110 670	34 616	40 982	149	—	—	186 417
以公允价值计量且其变动计入当期损益的金融负债	3 104	3 073	3 032	2 144	605	—	11 958
衍生金融负债	—	—	—	—	—	107 109	107 109
卖出回购金融资产款	68 261	27 946	20 168				116 375
吸收存款	7 405 926	1 341 350	2 391 472	1 611 515	13 319	176 166	12 939 748
应付债券	27 287	27 661	56 063	198 432	52 875		362 318
持有待售资产相关负债	25 716	6 645	6 392	60	—	3 675	42 488
其他	12 454	17 731	1 490	—		576 088	607 763
负债合计	8 918 369	1 687 769	3 080 348	1 897 752	66 799	1 010 760	16 661 797
利率重定价缺口	(3 668 841)	986 419	2 422 327	127 109	1 115 017	505 061	1 487 092

(3) 流动性风险管理

本行流动性风险管理的目标是建立健全流动性风险管理体系，对集团和法人层面、各机构、各业务条线的流动性风险进行有效识别、计量、监测和控制，确保以合理成本及时满足流动性需求。

本行将流动性风险管理作为资产负债管理的重要组成部分，以资产负债综合平衡的原则确定资产负债规模、结构和期限；建立流动性组合以缓冲流动性风险，调节资金来源与运用在数量、时间上的不平衡；完善融资策略，综合考虑客户风险敏感度、融资成本和资金来源集中度等因素，优先发展客户存款，利用同业存款、市场拆借等市场化融资方式来动态调整资金来源结构，提高融资来源的多元化和稳定度。

本行定期完善流动性压力测试方案，按季度进行压力测试，测试结果显示中行在压力情况下有足够的支付能力应对危机情境。

2016 年末，本行各项流动性风险指标达到监管要求，具体如表 5-12 所示。

表 5-12　中行流动性风险指标值表

主要监管指标		2016 年 12 月 31 日	2015 年 12 月 31 日	监管标准
流动性比例	人民币	45.6%	48.6%	≥ 25
	外币	52.7%	62.0%	≥ 25
超额备付率	人民币	1.3%	1.5%	—
	外币	10.9%	19.0%	—
拆借资金比例	拆入资金比例	0.05%	1.1%	≤ 8
	拆出资金比例	0.04%	1.0%	≤ 8

注：流动性比例为集团口径指标，超额备付率、拆借资金比例为中国内地机构口径指标，监管指标根据中国内地监管机构的相关规定计算。

流动性覆盖率旨在确保商业银行具有充足的合格优质资产，能够在银监规定的流动性压力情景下，通过变现这些资产满足未来至少 30 天的流动性需求。中行 2016 末流动性覆盖率为 117.15%，计算详见表 5-13。

表 5-13　中行流动性覆盖率计算表

单位：百万元

序号	项目	数值	备注
1	合格优质流动性资产	3 232 892	
2	预期现金流出	3 677 399	
3	预期现金流入	917 792	
4	现金净流出量	2 759 607	4=2-3
5	流动性覆盖率	117.15%	5=1/4

注：合格优质流动性资产由现金、存放于中央银行且在压力情境下可以提取的准备金，以及满足银监会《商业银行流动性风险管理办法（试行）》规定的一级资产和二级资产定义的债券构成。

缺口分析是中行评估流动性风险状况的方法之一。中行定期计算和监测流动性缺口，利用缺口数据进行敏感性分析和压力测试。2016 年末中行流动性缺口状况如表 5-14 所示。

表 5-14　中行流动性缺口示意表

单位：百万元

项目	2016 年 12 月 31 日	2015 年 12 月 31 日
逾期 / 无限期	2 132 049	1 940 702
即期偿还	(6 502 279)	(5 673 516)
1 个月及以下	(1 130 916)	(1 163 853)
1 个月至 3 个月（含）	(73 401)	(236 711)
3 个月至 1 年（含）	39 125	734 148
1 年至 5 年（含）	2 561 345	2 009 358
5 年以上	4 461 169	3 747 477
合计	1 487 092	1 357 605

注：流动性缺口 = 一定期限内到期的资产 - 相同期限内到期的负债。

(4) 操作风险管理

本行持续完善操作风险管理体系，深化操作风险管理工具应用，运用操作风险与控制评估 (RACA)、关键风险指标监控 (KRI)、损失数据收集(LDC)三大工具,持续开展操作风险的识别、评估、监控。

5.3.3 风险抵补能力

2016 年末,本行客户贷款总额 99 733.62 亿元,其中,不良贷款总额 1 460.03 亿元,不良贷款率 1.46%。贷款减值损失 867.95 亿元,信贷成本为 0.91%,同比上升 0.28 个百分点。本行严格执行审慎稳健的拨备政策,保持充足的风险抵御能力。按照审慎、真实原则,及时、足额地计提贷款减值准备。贷款减值准备包括按单项方式评估和按组合方式评估的准备,贷款减值准备 2 377.16 亿元,比上年末增加 370.51 亿元;不良贷款拨备覆盖率 162.82%,比上年末上升 9.52 个百分点,贷款损失准备充足率为 273.88%。具体数据如表 5-15 所示。

表 5-15　资产质量指标值表

单位:百万元

序号	项目	数值	备注
1	客户贷款总额	9 973 362	期初 9 135 860
2	不良贷款总额	146 003	
3	贷款减值准备	237 716	
4	资产减值损失	89 072	
5	不良贷款率	1.46%	5=2÷1
6	不良贷款拨备覆盖率	162.82%	6=3÷2
7	信贷成本	0.91%	7=4÷1
8	贷款拨备率	2.38%	8=3÷1

注:不良贷款率=期末不良贷款余额 ÷ 期末客户贷款总额 ×100%

　　不良贷款拨备覆盖率=期末贷款减值准备 ÷ 期末不良贷款余额 ×100%

　　信贷成本=贷款减值损失 ÷ 客户贷款平均余额 ×100%

　　客户贷款平均余额=(期初客户贷款总额+期末客户贷款总额)÷2。

　　贷款拨备率=期末贷款减值准备 ÷ 期末客户贷款总额 ×100%

以上根据本行中国内地机构数据计算。

|本章小结|

1. 商业银行风险是指在商业银行经营过程中，由于不确定性因素的影响，使得银行实际收益偏离预期收益，从而导致其遭受损失或获取额外收益的可能性。

2. 商业银行风险管理是指商业银行通过风险识别、风险估价、风险评估和风险处理等环节，预防、回避、分散或转移经营中的风险，从而减少或避免经济损失，保证经营资本安全的行为。

3. 信用风险是指借款人或交易对手未履行其财务性的或合约性的债务义务而使商业银行蒙受损失的风险。信用风险与以下三个变量有关：违约与违约概率；违约暴露；违约损失。

4. 市场风险是指因市场价格(利率、汇率、股票价格和商品价格)的不利变动而使商业银行表内和表外业务发生损失的风险。市场风险主要包括存贷款账户中的利率风险、外汇业务头寸中的汇率风险、债券投资和股票投资业务中的经济价值变动风险等。

5. 操作风险是指由不完善或有问题的内部程序、员工和信息科技系统，以及外部事件所造成损失的风险，包括法律风险，但不包括策略风险和声誉风险。

6. 流动性风险指商业银行虽然有清偿能力，但无法及时获得充足资金或无法以合理成本及时获得充足资金，以应对资产增长或支付到期债务的风险。极端情况下，流动性不足可能导致银行倒闭。

|实训练习|

查询一家上市银行的年报，了解该行如何进行全面风险管理。

第6章

经济资本管理

　　根据商业银行经营中风险与资本相匹配的原则，风险需要资本覆盖，承担风险就要占用资本，占用资本就要获得回报。经济资本是银行用来吸收非预期损失，减缓风险冲击所需要的资本。经济资本管理的主要内容包括经济资本计量、经济资本配置、经济资本考核和经济资本预算等。

6.1 经济资本的内涵

经济资本 (economic capital，EC)，又称为风险资本 (capital at risk，CaR)，从银行所有者和管理者的角度讲，经济资本就是用来承担非预期损失和保持正常经营所需的资本。描述在一定的置信度水平上 (如 99%)，一定时间内 (如一年)，为了弥补银行的非预计损失 (unexpected losses) 所需要的资本。经济资本的一个重要特点，就是它是指所"需要的"资本，"应该有"多少资本，而不是银行实实在在拥有的资本。经济资本之所以称为"经济"，是因为在衡量风险时，其真实性超过了账面资本和监管资本，是一种虚拟的、与银行非预期损失相当的资本；称之为"资本"，是因为银行在计量风险时，同时可计量出承担非预期损失所需要的资本。

对风险损失进行细分，是经济资本管理的前提。根据损失发生的不确定性程度，银行损失可分为三类：

1. 预期损失

预期损失 (expected loss，EL) 是银行在正常经营中根据历史数据，事前估计到或者期望的违约损失。预期损失的公式如下：

$$EL=EAD \times PD \times LGD$$

其中 EAD 是风险敞口 (也称风险暴露)，PD 是客户的违约概率，LGD 是客户的违约损失率。

预期损失属于一种可以预见的平均损失，商业银行可根据历史数据进行预测，可直接列支为银行成本，一般通过调整产品定价给予补偿。根据监管要求，预期损失应提取相应的贷款损失准备金，在银行当年的盈利中予以扣减，所以预期损失并不构成银行真正的风险。

2. 非预期损失

非预期损失 (unexpected loss，UL) 是损失围绕其均值波动的程度，是超过预期损失的那部分潜在损失。如在经济环境不好的时候，贷款违约概率就会超出正常水平，增加的不良贷款带来的损失就是非预期损失。

虽然称为"非预期"，但非预期损失却是可以计算出来的，一般通过标准差来衡量，它是银行面临的真正的风险。因为银行无法确定非预期损失会不会发生，所以不能做到事先将其列入成本，而需要准备一定数额的资本。一旦非预期损失发生，就用事先准备好的资本来弥补，经济资本就是商业银行为弥补非预期损失而对应的资本储备。

3. 异常损失

异常损失 (catastrophe loss，CL) 是一种不可预见的、超出商业银行正常承受能力的损失。

异常损失发生的概率虽低，但造成的损失巨大。银行一般无法做出实际的准备，通常通过压力测试、情景模拟等方式予以关注，并制定相应的应急预案，如采用保险等手段予以提前覆盖，以避免银行发生破产。

风险损失分布曲线如图 6-1 所示。

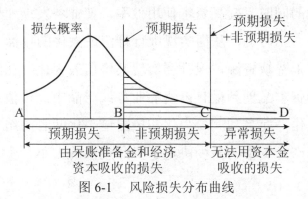

图 6-1　风险损失分布曲线

从上述分析可以看出，预期损失可以完全被商业银行所预见，并进而转化为经营成本，异常损失往往又难以考虑，所以非预期损失成为商业银行风险管理的重点。

将经济资本与第 3 章中的监管资本的差异进行归纳，如表 6-1 所示。

表 6-1　经济资本与监管资本的差异

	经济资本	监管资本[①]
目的及应用	风险治理结构：设定风险偏好、限额、资本规划和配置 内部管理：定价、绩效考核 外部沟通：监管机构、评价机构、投资者	满足监管要求、监管达标
覆盖风险范围	可量化的商业银行所有风险	信用风险、市场风险、操作风险
管理主体	由银行确定	由监管确定
置信度区间	根据银行的目标评价确定置信度区间，代表了风险偏好	每个银行相同

6.2　经济资本管理的主要内容

经济资本管理，就是商业银行在对经济资本计量的基础上，通过优化经济资本分配和配置，以资本制约风险资产的增长，并在控制业务风险的同时，提高资本使用效率，使业务发展速度、效益与风险承担能力相协调，从而实现银行价值最大化的目标。

资本属于稀缺资源，银行要实现其价值最大化，在经营中就必须将有限的资本配置到最有价值的业务或产品中。价值最大化不等于利润最大化，而是利润最大化和风险最小化两者的结合与统一。资本约束资产，资本的多少决定了资产规模的大小，资本的价值取

---

① 见第 3 章，3.2.1 节。

向决定资产组合的结构。

经济资本管理的实质就是全面控制风险。经济资本从银行管理实践的角度体现了风险需要资本覆盖的基本原理，反映了银行承担风险就是占用资源的基本理念。经济资本对银行的约束就是对风险的约束，就是对资产规模扩张速度的约束。经济资本管理的目标主要体现为两点：一是控制业务风险；二是计算风险调整后的收益。

通常情况下，经济资本管理的内容主要包括经济资本计量、经济资本配置和经济资本考核等内容。

6.2.1　经济资本计量

经济资本是衡量银行真正所需资本的一个风险尺度，在数额上与银行风险导致的非预期损失额相等。经济资本计量是通过风险计量模型计算银行的非预期损失以确定经济资本的数量。其计算公式为：

$$经济资本 = 信用风险的非预期损失 + 市场风险的非预期损失 + 操作风险的非预期损失$$

经济资本可以是单项非预期损失风险，也可以是汇总的经济资本，如按照某一组合计量的经济资本。通常由于分散效应，组合资产的非预期损失小于与其所对应的单个资产的非预期损失之和；同时，组合资产集中度的提升，会带来风险的上升，所以不能将不同维度和层面的经济资本进行简单直接加总。

6.2.2　经济资本配置

1. 经济资本配置的基本原则

资本是昂贵和稀缺的，银行必须通过一种机制来合理地进行配置，促进优质业务的发展、控制不良业务的增长，使稀缺的资本得到高效使用。

经济资本配置是指商业银行以适当的方法向机构、业务部门、产品分配经济资本额度，使业务发展与银行的资本充足水平相适应。

经济资本配置的基本原则是：把资本要求与风险度量直接挂钩，将资本配置建立在权责明晰的基础上，只有承担风险的业务单元才应被配置资本。为了提高经济资本的回报率，银行应尽量将资本配置在风险较低而回报水平比较高的业务上。

如果商业银行分支机构和业务部门的风险控制在上级行分配的经济资本数额内，则风险被控制在银行的可承受范围内，银行有能力抵御风险。资本配置充分体现了银行对风险的控制要求，代表了经营发展方向，保证经济资本能够被分配到最能发挥作用的领域，达到商业银行期望达到的资本回报率水平。

经济资本配置的目的在于构建一个与银行总体风险战略和股东目标相一致的业务风险组合。资本配置并非完全等同于资本的实际投入，由于经济资本量表现的是风险量，因此在银行内部各部门以及各业务之间的资本配置实质上是风险限额的分配，是确定与风险限额相匹配的业务或资产总量。

需要注意的是，经济资本并不是银行的实际资本，因此经济资本配置并不是对实际资本的分配，而是在银行内部的一种虚拟的资源分配方式。这可以理解为，资本的总量全部集中在总行，总行向各分行分配资本的使用额度（但不实际分配），各分行再将额度分摊到各项业务的损失风险上。通过这样一种虚拟的分配方式，可以使各分行、各项业务的经济资本与总行监管资本相一致，确保资产有足够的风险缓冲。

2. 经济资本配置的模式

一般而言，经济资本配置主要有"自上而下"和"自下而上"两种模式。

(1)"自上而下"配置模式

"自上而下"配置模式是指结合银行未来发展战略，在遵循一定的原则，如目标资本回报要求和业务准入标准的基础上，将有限的经济资本按照不同的管理维度进行层层分割，形成完整的经济资本配置方案。实施"自上而下"资本配置的关键是制定一个总体经营计划，该计划应描述银行总的经营目标、业务现状以及风险管理战略。"自上而下"配置模式的优点是能够有效贯彻银行的战略意图和管理思想，使得整个银行业务发展和承担的风险可控。

"自上而下"资本配置方式主要强调银行发展过程中的资本约束，并不要求计量结果一定准确。商业银行实施经济资本管理初期使用系数法进行过度，系数法的基本思路就是对于银行的每一种资产，都配额一定的经济资本，即：经济资本 = 资产余额 × 经济资本分配系数。

(2)"自下而上"的配置模式

"自下而上"的配置模式是首先对每个业务单元进行风险计量，确定相应的经济资本需求，再将这些经济资本由底层向上逐级汇总，形成全行的经济资本配置方案。具体的资本配置量由各业务单元根据对过去业务的发展情况和对未来业务的风险判断进行申报，申报的有效性和具体数量由经济资本管理部门决定。"自下而上"的配置模式的优点是管理维度主体距离市场近，经营目标易于实现。缺点是由于管理者很难准确预测未来收益和资本回报，故确定配置方案的周期较长，对管理者的专业素质和市场判断能力有较高要求。

实践中，许多银行将两者有机结合起来，采用"双向组合"模式，即先"自下而上"进行资本计量，再"自上而下"进行资本分配，最后进行双向调试。一方面通过账面方式确定可用资本数量；另一方面，根据计算各类风险的非预期损失并将其进行有效汇总，再结合发展战略和风险偏好调整风险容忍度大小，使得非预期损失小于可供分配的实际资本。

6.2.3 经济资本考核

商业银行的利润和规模是能够及时体现出来的指标，而风险是隐蔽的。经济资本管理就是要平衡利润和风险。经济资本回报率 (risk adjusted return on capital，RAROC) 和经济增加值 (economic value added，EVA) 兼顾了收益和风险两大方面的因素，是基于经济资本的主要绩效考核指标，这两个指标充分体现了风险和收益相对称的原则，比会计利润指标更能真实反映经营绩效和价值创造，能比较真实反映经营绩效和价值创造水平。

1. 经济资本回报率 (RAROC)

经济资本回报率的基本理念是：将未来可预计的风险损失量化为当期成本，对当期收益进行调整，衡量经过风险调整后的收益大小；考虑为非预期损失做出资本储备，进而衡量资本的使用效率，使银行的收益与所承担的风险挂钩。经济资本回报率的计算公式如下：

经济资本回报率＝ (收入—成本—预期损失—税金) ／经济资本

2. 经济增加值 (EVA)

经济增加值的基本理念是：资本获得的收益至少要能补偿投资者承担的风险。也就是说，股东必须赚取至少等于资本市场上类似风险投资回报的收益率。经济增加值度量的是"资本利润"，而不是"会计利润"。经济增加值的计算公式如下：

经济增加值＝收入—成本—预期损失—税金—经济资本成本

业绩评价体系及对应指标总结如图 6-2 所示。

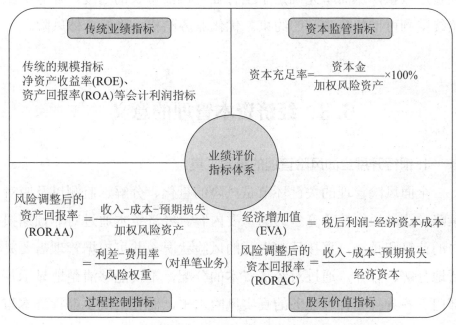

图 6-2　业绩评价指标体系

6.2.4　经济资本预算

经济资本预算是指以确定的年度经济资本增长率目标和经济资本回报率目标为年度预算的逻辑起点，确定增量经济资本额度，将其作为一种重要的资源进行分配。从而约束风险资产增长规模和确定税后净经营利润目标，安排年度业务计划和其他财务收支计划。

经济资本预算强化了资本对风险的防御和约束能力及资本的最低回报要求，不仅具备事后计量的功能，更加突出了资源配置和有效抵御经营风险的功能，强化了经济资本在经营管理与资源配置体系中的核心地位。

以经济资本预算为核心的综合经营计划管理模式，首先根据银行的资本数量和资本充足率的要求，确定全行的经济资本总额和当年经济资本的增量，在此基础之上，再测算出全行全年可扩张的风险资产数量，从而事先确定了全行业务可能增长的速度，业务扩张始终受到可增加资本额的约束。优化业务结构，降低总体风险。

6.3　经济资本管理的意义

1. 银行开展全面风险管理的重要工具

全面风险管理的关键环节是风险的量化、分解、监测以及应对策略，这是银行核心竞争力的重要内容。经济资本通过对非预期损失的计算和预测，直接反映银行的风险状况，并可根据管理需要灵活地分解、合并。通过对经济资本的分配，不仅能够清楚地显示各部门、各分行和各项业务的真实风险水平，而且实现了银行资本与风险的匹配，形成真正意义上的以资本为基础的风险防范体系。

2. 银行实施战略管理的基础手段

银行实施战略化管理的基本手段是全面计量和监控风险状态，当银行经济资本总量在监管资本附近时，说明银行的风险水平正在超出其实际承受能力，银行安全性将受到威胁，银行必须通过某种途径补充资本金、控制或收缩其风险。同时，对业务发展战略做出相应调整。

3. 强化资本回报率对经营管理的约束

通过经济资本管理和配置，通过经济资本底线回报率，从资本所有者的角度，反映风险和收益的匹配状况。如果实际回报率低于底线回报率，意味着风险过高或收益过低；如果实际回报率高于底线回报率，则意味着股东价值在提高。对各行来说，经济资本既是激励，也是约束；既有动力，也有压力。从上级行获得经济资本，一方面意味着本行获得了资产业务发展的空间，另一方面则要满足上级行对分配给本行的经济资本的回报要求，明确经济资本与经济资本回报的内在关联，引导财务资源向经济增加值贡献大的行流动，从而建立起以资本为核心的激励约束机制。

4. 为银行的市场营销提供指引

经济资本回报的大小是银行决策者判断不同业务或产品的市场进退的标准。较大资本回报率的业务或产品银行应保留和发展，经济资本回报率低的业务或产品银行应根据情况采取相反的措施。如压缩高风险的资产，大力发展不需要分配经济资本的中间业务，节约经济资本，引导业务结构、资产结构和收支结构的调整，实现商业银行业务结构以价值创造为核心的优化调整，降低资产风险，使效益和业务获得较好的增长。

5. 为银行内部绩效考核提供重要依据

在经济资本配置的基础上，使用通过风险调整后的资本收益率指标对银行的各分支机构、产品线和业务线的评价，既考察了其盈利能力，又充分考虑了该盈利能力背后承担的风险。否则的话，就会出现两种极端：一是片面强调"零风险"，导致管理者和业务人员在估计风险时的不作为；二是片面追求资产短期规模的扩张和当期利润的最大化，为未来埋下风险隐患。

6.4　经济资本管理案例 [①]

某银行拥有 A、B、C 三个分行。经测算，本年度末第 t 年 A

---

① 资料来源：武剑.商业银行经济资本配置理论模型与案例研究 [J].国际金融研究 2009(5)：69-77.

分行的信用风险敞口为 600 亿元，违约损失率为 30%，平均违约概率为 3%，平均收益率为 10%，费用率为 4%；B 分行信用风险敞口为 300 亿元，违约损失率为 40%，平均违约概率为 3.5%，平均收益率为 8%，费用率为 3%；C 分行信用风险敞口为 100 亿元，违约损失率为 45%，平均违约概率为 4%，平均收益率为 6%，费用率为 2%。

由于三个分行信贷业务各具特色，其信贷资产的违约相关度较小，其中，A、B 分行间违约相关系数为 0.05，B、C 分行间违约相关系数为 0.04，A、C 分行间违约相关系数为 0.02，该银行第 t 年末账面资本为 320 亿元。

预计在 $t+1$ 年账面资本会增加至 325.85 亿元，股东要求的最低资本回报率为 11%，董事会决定银行信用评级的目标为 A 级，A、B、C 分行各业务条线近年来的收入如表 6-2 所示。

表 6-2　各分行近年各业务条线收入汇总表

单位：亿元

产品线	A 分行				B 分行				C 分行			
	$t-3$	$t-2$	$t-1$	t	$t-3$	$t-2$	$t-1$	t	$t-3$	$t-2$	$t-1$	t
公司金融	0.5	0.7	0.9	1.0	0.4	0.5	0.5	0.6	0.7	1.0	1.2	1.2
交易和销售	0.8	1.0	1.1	1.2	0.9	1.0	1.2	1.1	0.8	1.4	1.3	1.5
零售银行	1.0	1.3	1.5	1.4	0.7	1.1	1.3	1.4	0.9	1.4	1.5	1.6
商业银行	1.5	1.8	1.8	1.7	1.2	2.0	1.0	1.0	1.4	1.7	1.6	1.5
支付与清算	0.6	1.0	1.2	1.5	1.0	1.5	1.2	1.3	0.7	1.0	1.2	1.3
代理业务	0.5	0.8	1.0	1.0	0.7	0.8	0.8	0.9	0.5	0.8	1.0	1.0
资产管理	2.1	2.0	1.8	2.0	2.0	1.9	1.8	1.8	2.2	2.5	3	2.6
零售经纪	0.5	0.7	0.9	1.0	0.7	0.7	0.9	1.0	0.8	1.0	1.1	1.0

一般而言，市场风险由总行统一管理，因此不需要将市场风险的经济资本配置于分行，本案例设分行市场风险为零，故只考虑信用风险和操作风险的经济资本配置。

1. 操作风险的经济资本配置

根据巴塞尔委员会提出的操作风险资本测度的标准法来衡量和分配操作风险的经济资本。操作风险的资本要求是前三年各产品线的资本要求简单加总后的算术平均。前三年中每年的操作风险监管资本等于当年以下业务条线监管资本的总和：公司金融、交易和销售、零售银行、商业银行、支付和清算、代理服务、资产管理、零售经纪、其他业务条线。以上各业务条线监管资本相加为负数的，当年的操作风险监管资本用零表示。每年各业务条线的监管资本等于当年该业务条线的总收入与该业务条线对应 β 系数的乘积。

计算操作风险监管资本的公式为：

$$K_{\text{TSA}} = \left(\sum_j \max \left(\sum_i [\text{GI}_i \times \beta_i], 0 \right) \right) / 3$$

其中，K_{TSA} 为商业银行用标准法计算的操作风险资本要求，是前三年操作风险监管资本的算术平均数；$\max(\sum_i [\text{GI}_i \times \beta_i], 0)$ 表示当年的操作风险资本要求为负数的，用零表示；GI_i 是各业务条线当年的总收入；β_i 是各业务条线对应的 beta 系数。

根据以上计算方法，第 t 年分配给 A 分行 1.31 亿元、B 分行 1.261 亿元、C 分行 1.488 亿元经济资本用以覆盖操作风险，总计算过程如表 6-3 所示。

表 6-3 A、B、C 三家分行资本配置计算过程

A 分行   单位：亿元

产品线	系数 (b)	t-3	t-2	t-1	t	(t-3)×b	(t-2)×b	(t-1)×b
公司金融	18%	0.5	0.7	0.9	1.0	0.090	0.126	0.162
交易和销售	18%	0.8	1.0	1.1	1.2	0.144	0.180	0.198
零售银行	12%	1.0	1.3	1.5	1.4	0.120	0.156	0.180

（续表）

产品线	系数 (b)	t-3	t-2	t-1	t	$(t$-3$)\times b$	$(t$-2$)\times b$	$(t$-1$)\times b$
商业银行	15%	1.5	1.8	1.8	1.7	0.225	0.270	0.270
支付和清算	18%	0.6	1.0	1.2	1.5	0.108	0.180	0.216
代理服务	15%	0.5	0.8	1.0	1.0	0.075	0.120	0.150
资产管理	12%	2.1	2.0	1.8	2.0	0.252	0.240	0.216
零售经纪	12%	0.5	0.7	0.9	1.0	0.060	0.084	0.108
合计						1.074	1.356	1.500

资本配置 =(1.074+1.356+1.5)/3=1.31

B 分行　　　　　　　　　　　　　　　　　　　　　　　单位：亿元

产品线	系数 (b)	t-3	t-2	t-1	t	$(t$-3$)\times b$	$(t$-2$)\times b$	$(t$-1$)\times b$
公司金融	18%	0.4	0.5	0.5	0.6	0.072	0.090	0.090
交易和销售	18%	0.9	1.0	1.2	1.1	0.162	0.180	0.216
零售银行	12%	0.7	1.1	1.3	1.4	0.084	0.132	0.156
商业银行	15%	1.2	2.0	1.0	1.0	0.180	0.300	0.150
支付和清算	18%	1.0	1.5	1.2	1.3	0.180	0.270	0.216
代理服务	15%	0.7	0.8	0.8	0.9	0.105	0.120	0.120
资产管理	12%	2.0	1.9	1.8	1.8	0.240	0.228	0.216
零售经纪	12%	0.7	0.7	0.9	1.0	0.084	0.084	0.108
合计						1.107	1.404	1.272

资本配置 =(1.107+1.404+1.272)/3=1.261

C 分行　　　　　　　　　　　　　　　　　　　　　　　单位：亿元

产品线	系数 (b)	t-3	t-2	t-1	t	$(t$-3$)\times b$	$(t$-2$)\times b$	$(t$-1$)\times b$
公司金融	18%	0.7	1.0	1.2	1.2	0.126	0.180	0.216
交易和销售	18%	0.8	1.4	1.3	1.5	0.144	0.252	0.234
零售银行	12%	0.9	1.4	1.5	1.6	0.108	0.168	0.180
商业银行	15%	1.4	1.7	1.6	1.5	0.210	0.255	0.240
支付和清算	18%	0.7	1.0	1.2	1.3	0.126	0.180	0.216
代理服务	15%	0.5	0.8	1.0	1.0	0.075	0.120	0.150
资产管理	12%	2.2	2.5	3.0	2.6	0.264	0.300	0.360
零售经纪	12%	0.8	1.0	1.2	1.0	0.096	0.120	0.144
合计						1.149	1.575	1.740

资本配置 =(1.149+1.575+1.74)/3=1.488

2. 信用风险的经济资本计量

(1) 计算全行第 t 年总预期损失(见表 6-4)

表 6-4 全行第 t 年总预期损失计算过程

项目	风险敞口 (EAD)	违约概率 (PD)	违约损失率 (LGD)	预期损失 (EL= EAD × PD × LGD)
A 分行	600	3.0%	30%	5.4
B 分行	300	3.5%	40%	4.2
C 分行	100	4.0%	45%	1.8
总行预期损失				11.4

(2) 计算各分行第 t 年非预期损失 (见表 6-5)

表 6-5 A、B、C 三家分行第 t 年非预期损失

项目	风险敞口 (EAD)	违约概率 (PD)	违约损失率 (LGD)	非预期损失 (UL ≈ EAD × $\sqrt{PD \times (1-PD)}$ × LGD)
A 分行	600	3.0%	30%	30.71
B 分行	300	3.5%	40%	22.05
C 分行	100	4.0%	45%	8.82

(3) 计算第 t 年全行业务组合的非预期损失

$$UL_p = \left[\sum \sum UL_i \rho_{ij} UL_j \right]^{1/2}$$

$$M = (\rho_{ij}) = \begin{bmatrix} 1 & 0.05 & 0.02 \\ 0.05 & 1 & 0.04 \\ 2 & 0.04 & 1 \end{bmatrix}$$

$$UL_i = [30.71 \quad 22.05 \quad 8.82]$$

$$UL_j = \begin{bmatrix} 30.71 \\ 22.05 \\ 8.82 \end{bmatrix}$$

计算得 $UL_p \approx 40.01$ 亿元。

(4) 确定经济资本乘数及经济资本头寸

为了确定信贷风险的经济资本，在计算非预期损失的基础上，

还必须求出经济资本乘数。

资本乘数的确定取决于两个因素：损失概率密度函数以及置信水平。一般认为 beta 分布能较好地拟合信贷资产的损失率分布，故本案例采用该分布。银行为达到信用评级 A 级，必须保证 99.7% 的置信水平。

设全行非违约客户债项组合的损失率服从 beta 分布，根据前三步的计算结果得知：

预期损失率 ELR =11.4/(600+300+100) ≈ 1.1%

非预期损失率 ULR =40.01/(600+300+100)=4%

所以，该分布均值为 1.1%，标准差为 4%

由方程

$$\alpha = \frac{\text{ELR}^2 \times (1-\text{ELR})}{\text{ULR}^2} - \text{ELR}$$

$$\beta = \frac{1-\text{ELR}}{\text{ELR}} \times \alpha$$

其中，ELR 为预期损失率，ULR 为非预期损失率，得到 beta 分布的两个参数 α =0.068 9，β =5.974 9。

则经济资本乘数为：

CM = (betainv (c，α，β) -ELR) / ULR ≈ 7.809

其中，c 为置信水平。

由此可得信用风险经济资本总额为：

$$\text{EC}_p = \text{CM} \times \text{UL}_p = 7.809 \times 40.013\ 3 \approx 312.45 \text{亿元}$$

接着，计算各家分行分配到的经济资本：

$$\text{EC}_i = \frac{\text{UL}_i \sum_{i=1}^{n} \rho_{i,j} \text{UL}_j}{\text{UL}_p}$$

其中，UL_i 为第 i 象分行非预期损失，EC_i 为第 i 家分行分配到的经济资本。

第 t 年各分行信用风险对应的经济资本配置为 A 分行 191.70 亿元，B 分行 103 亿元，C 分行 17.74 亿元。计算过程如表 6-6 所示。

表 6-6　A、B、C 三家分行第 t 年资本配置计算过程

项目	UL_i	UL_i/UL	$\sum_{j=1}^{n} \rho_{i,j} UL_j$	CM	EC_i
A 分行	30.71	0.767 460	31.988 9	7.809	191.70
B 分行	22.05	0.551 042	23.938 3	7.809	103.00
C 分行	8.82	0.220 417	10.316 2	7.809	17.74

该银行现有账面资本为 320 亿元，操作风险的经济资本为 4.06 亿元，信用风险经济资本为 312.45 亿元，不考虑市场风险经济资本配置，则经济资本可用头寸为 3.82 亿元。该银行存在一定的资本闲置，可考虑扩展业务规模，充分利用资本。

3. 计算第 t 年经济资本回报率

计算第 t 年分行及总行的风险调整后的资本回报率 (RAROC)，如表 6-7 所示。

表 6-7　A、B、C 三家分行第 t 年经济资本回报率计算过程

项目	风险敞口 (EAD)	违约概率 (PD)	违约损失率 (LGD)	平均收益率 (R)	费用率 (B)	收益	费用	预期损失 (EL)	经济资本 (EC) 操作风险	经济资本 (EC) 信用风险
A 分行	600	3.00%	30%	10%	4%	60	24	5.4	1.310	191.49
B 分行	300	3.50%	40%	8%	3%	24	9	4.2	1.261	102.89
C 分行	100	4.00%	45%	6%	2%	6	2	1.8	1.488	17.74
合计	1 000					90	35	11.4	4.060	312.12

A 分行 RAROC=(60-24-5.4)/(1.31+191.49)=15.87%

B 分行 RAROC=(24-9-4.2)/(1.261+102.89)=10.37%

C 分行 RAROC=(6-2-1.8)/(1.488+17.74)=11.44%

总行 RAROC=(90-35-11.4)/(4.06+312.12)=13.79%

　　显然 A 分行的经济资本回报率高于全行平均水平，其使用资本的效率较高，风险控制能力较强，为了充分发挥其能力，第 $t+1$ 年总行应适当增加该分行的资本配置；B 分行与 C 分行的经济资本回报率低于全行平均水平，$t+1$ 年应适当减少资本配置。

｜本章小结｜

　　1. 经济资本又称为风险资本，是指在一定的置信度水平下，银行用来吸收非预期损失、减缓风险冲击所需要的资本。

　　2. 经济资本管理，就是商业银行在对经济资本计量的基础上，通过优化经济资本分配和配置，以资本制约风险资产的增长，并在控制业务风险的同时，提高资本使用效率，使业务发展速度、效益与风险承担能力相协调，从而实现银行价值最大化目标。

　　3. 经济资本是衡量银行真正所需资本的一个风险尺度，在数额上与银行风险导致的非预期损失额相等。经济资本计量是通过风险计量模型计算银行的非预期损失以确定经济资本的数量。其计算公式为：经济资本 = 信用风险的非预期损失 + 市场风险的非预期损失 + 操作风险的非预期损失。

　　4. 经济资本配置主要有"自上而下"和"自下而上"两种模式。"自上而下"配置模式是指结合银行未来发展战略，并遵循一定的原则，将有限的经济资本按照不同的管理维度进行层层分割，形成完整的经济资本配置方案。"自下而上"的配置模式是先对每个业务单元进行风险计量，确定相应的经济资本需求，再将这些经济资本由底层向上逐级汇总，形成全行的经济资本配置方案。

　　5. 经济资本回报率 (RAROC) 和经济增加值 (EVA) 兼顾了收益和风险两大方面的因素，是基于经济资本的主要绩效考核指标，这两个指标充分体现了风险和收益相对称的原则，能比较真实地反映经营绩效和价值创造水平。

6.经济资本预算是指以确定的年度经济资本增长率目标和经济资本回报率目标为年度预算的逻辑起点，确定增量经济资本额度，将其作为一种重要的资源进行分配，从而约束风险资产增长规模和确定税后净经营利润目标，安排年度业务计划和其他财务收支计划。

第7章

商业银行财务报表

商业银行财务报表主要包括资产负债表、损益表、现金流量表，它是银行财务状况和经营成果的汇总。

7.1 财务报表的类型与编制

7.1.1 资产负债表

1.资产负债表的含义与作用

资产负债表,亦称财务状况表,是反映企业在某一特定日期(如月末、季末、年末)全部资产、负债和所有者权益情况的会计报表。它是一种揭示企业经营一定时点财务状况的静态报表。

资产负债表的作用主要包括:

第一,反映了商业银行在某一时点所拥有的资产总量、构成情况及对资产的运用能力。

第二,反映了商业银行资金来源及其构成,包括负债及所有者权益。

第三,为报表使用者提供了解该商业银行资金实力、清偿能力等财务情况及其发展趋势,有助于对未来发展做出预测。

2.资产负债表的编制

资产负债表是依据"资产=负债+所有者权益"这一平衡公式,按照设定的分类标准和一定的顺序,将报告日银行的资产、负债、所有者权益等具体项目按顺序编制。其中,资产按其流动性或者按变现能力由强到弱依次排列,先流动资产,后非流动资产;负债按其偿还期的长短或者按到期日由近到远依次排列,先短期负债,后长期负债;所有者权益则按其永久性递减的顺序排列,首先是实收资本,其次是资本公积、盈余公积,最后是未分配利润。

例如，中国银行股份有限公司 2016 年资产负债表，如表 7-1 所示。

表 7-1　中国银行股份有限公司 2016 年资产负债表 [①]

单位：百万元

项目	中国银行集团		中国银行	
	2016 年 12 月 31 日	2015 年 12 月 31 日	2016 年 12 月 31 日	2015 年 12 月 31 日
资产				
现金及存放中央银行款项	2 349 188	2 269 434	2 253 714	2 155 294
存放同业款项	582 434	581 007	591 011	584 093
贵金属	161 417	176 753	156 155	173 540
拆出资金	483 929	350 218	461 200	351 371
以公允价值计量且其变动计入当期损益的金融资产	124 090	119 062	59 144	56 129
衍生金融资产	130 549	82 236	85 604	58 178
买入返售金融资产	110 119	76 630	92 351	73 821
应收利息	79 836	77 354	72 457	71 754
发放贷款和垫款	9 735 646	8 935 195	8 683 440	8 027 160
可供出售金融资产	1 609 830	1 078 533	1 026 700	688 981
持有至到期投资	1 843 043	1 790 790	1 773 569	1 710 303
长期股权投资	395 921	606 710	378 960	94 414
投资性房地产	14 059	10 843	189 960	94 414
固定资产	21 659	23 281	2 144	1 951
无形资产	14 542	13 854	13 068	12 418
商誉	2 473	2 449		
递延所得税资产	34 341	22 246	35 892	24 085
持有待售资产	50 371	237 937	—	—
其他资产	210 545	179 034	28 188	23 591
资产总计	18 148 889	16 815 597	15 987 985	14 786 678
负债				
向中央银行借款	867 094	415 709	813 197	34 428
同业及其他金融机构存放款项	1 420 527	1 764 320	1 401 155	1 746 218

———————

① 以下三大报表均来自中国银行股份有限公司 2016 年年报。

（续表）

项目	中国银行集团		中国银行	
	2016 年 12 月 31 日	2015 年 12 月 31 日	2016 年 12 月 31 日	2015 年 12 月 31 日
拆入资金	186 417	264 446	266 315	302 878
以公允价值计量且其变动 计入当期损益的金融负债	11 958	8 629	2 808	1 617
衍生金融负债	107 109	69 160	74 549	48 344
卖出回购金融资产款	116 375	183 498	97 834	176 338
吸收存款	12 939 748	11 729 171	111 428 022	10 403 693
应付职工薪酬	31 256	30 966	28 198	27 733
应交税费	28 055	37 982	23 712	34 455
应付利息	183 516	174 256	181 293	172 304
应付负债	6 065	3 362	5 846	3 136
应付债券	362 318	282 929	309 616	233 986
递延所得税负债	4 501	4 291	109	101
持有待售资产相关负债	42 488	196 850	—	—
其他负债	354 370	292 423	76 321	59 539
负债合计	16 661 797	15 457 992	14 708 975	13 574 770
所有者权益				
股本	294 388	294 388	294 388	294 388
其他权益工具 其中：优先股	99 714	99 714	99 714	99 714
资本公积	141 972	140 098	138 832	138 832
减：库存股	-53	-86	—	—
其他综合收益	-3 854	-2 345	-4 441	7 104
盈余公积	125 714	111 511	122 975	109 029
一般风险准备	193 462	179 485	186 640	172 029
未分配利润	560 339	482 181	440 902	390 626
归属于母公司所有者权益 合计	1 411 682	1 304 946	1 279 010	1 211 908
少数股东权益	75 410	52 659	—	—
所有者权益合计	1 487 092	1 357 605	1 279 010	1 211 908
负债和所有者权益合计	18 148 889	16 815 597	15 987 985	14 786 678

7.1.2　损益表

1. 损益表的含义与作用

损益表，又叫利润表，是反映银行在一定会计期的经营成果及其分配情况，是一种动态报表。

损益表的作用主要包括：

第一，可用来了解银行的盈亏情况，分析银行的获利能力、预测银行未来的现金流量。

第二，可根据报表提供的信息，分析银行盈亏形成的原因，对银行的管理水平和经营业绩作出评价。

2. 损益表的编制

损益表是依据"收入 - 支出 = 利润"这一平衡公式编制的。损益表排列的一般顺序：首先是收入，包括利息收入和非利息收入；其次是支出，包括利息支出和非利息支出；最后是利润。

例如，中国银行股份有限公司 2016 年损益表，如表 7-2 所示。

表 7-2　中国银行股份有限公司 2016 年损益表

单位：百万元

项目	中国银行集团		中国银行	
	2016 年	2015 年	2016 年	2015 年
一、营业收入	483 630	474 321	388 997	404 000
利息净收入	306 048	328 650	274 627	298 990
利息收入	566 139	615 056	521 537	571 443
利息支出	-260 091	-286 406	-246 910	-272 453
手续费及佣金净收入	88 664	92 410	75 433	79 021
手续费及佣金收入	98 319	100 905	79 569	82 670
手续费及佣金支出	-9 655	-8 495	-4 136	-3 649
投资收益	45 148	10 666	27 264	10 670
其中：对联营企业及合营企业投资收益	897	2 334	3	2

（续表）

项目	中国银行集团		中国银行	
	2016 年	2015 年	2016 年	2015 年
公允价值变动收益	1 834	264	1 300	-176
汇兑收益	6 221	10 057	1 747	7.275
其他业务收入	35 715	32 274	8 626	8 220
二、营业支出	-263 619	-243 945	-221 908	-206 567
税金及附加	-9 810	-26 734	-9 260	-25 941
业务及管理费	-135 820	-134 213	-117 778	-116 972
资产减值损失	-89 072	-59 274	-85 512	-56 616
其他业务成本	-28 917	-23 724	-9 358	-7 038
三、营业利润	220 011	230 376	167 089	197 433
加：营业外收入	2 923	1 925	1 889	1 085
减：营业外支出	-522	-730	-443	-657
四、利润总额	222 412	231 571	168 535	197 861
减：所得税费用	-38 361	-52 154	-31 652	-45 662
五、净利润	184 051	179 417	136 883	152 199

7.1.3 现金流量表

1.现金流量表的含义与作用

银行的现金流量表是以收付实现制为基础编制，反映一定时期商业银行现金来源和运用以及增减变化情况的财务报表。

现金流量表的作用主要包括：

第一，提供了银行在一定会计期间内现金和现金等价物流入、流出信息，便于报表使用者正确了解和评价商业银行获取现金的能力，并据以预测银行未来现金流量。

第二，弥补了资产负债表和利润表二者的不足。现金流量表将银行的利润同资产、负债、所有者权益变动结合起来，全面反映了报告期内银行现金的来源和运用情况，指出了银行财务状况变动的结果及原因。

2. 现金流量表的编制

现金流量表是按照报告式格式编制的，左边是资金来源和运用的科目，右边是金额，排列顺序是先资金来源后资金运用。资金来源包括营业资金收入、资产减少引起的现金流入、负债增加引起的现金流入；资金运用包括营业资金支出、资产增加引起的现金流出、负债减少引起的现金流出。

例如，中国银行股份有限公司 2016 年现金流量表，如表 7-3 所示。

表 7-3　中国银行股份有限公司 2016 年现金流量表

单位：百万元

	中国银行集团		中国银行	
	2016 年	2015 年	2016 年	2015 年
一、经营活动产生的现金流量				
客户存款和同业存放款项净增加额	905 272	1 016 097	679 266	770 168
向中央银行借款净增加额	451 386	67 444	448 769	64 772
向其他金融机构拆入资金净增加额	—	6 496	—	57 514
存放中央银行和同业款项净减少额	—	147 335	—	144 178
收取利息、手续费及佣金的现金	559 687	617 693	507 803	566 255
收到其他与经营活动有关的现金	59 216	210 986	27 625	189 903
经营活动现金流入小计	1 975 561	2 066 051	1 663 463	1 792 790
向其他金融机构拆入资金净减少额	-194 626	—	-146 916	—
发放贷款和垫款净增加额	-914 251	-833 615	-740 345	-701 932
存放中央银行和同业款项净增加额	-119 413	—	-111 092	—
支付利息、手续费及佣金的现金	-248 382	-271 288	-231 677	-254 605
支付给职工及为职工支付的现金	-80 504	-80 067	-68 414	-68 927
支付的各项税费	-82 674	-85 035	-75 747	-78 133

（续表）

	中国银行集团		中国银行	
	2016 年	2015 年	2016 年	2015 年
支付其他与经营活动有关的现金	-153 630	-123 952	-159 083	-98 069
经营活动现金流出小计	-1 793 480	-1 393 957	-1 533 274	-1 201 666
经营活动产生的现金流量净额	182 081	672 094	130 189	591 124
二、投资活动产生的现金流量				
收回投资收到的现金	2 137 555	1 270 723	1 417 520	704 697
取得投资收益收到的现金	123 780	100 513	124 934	93 600
处置子公司、联营企业及合营企业投资收到的现金	27 857	7 416	3 544	945
处置固定资产、无形资产和其他长期资产所收到的现金	11 201	12 580	187	298
投资活动现金流入小计	2 300 393	1 391 232	1 391 232	799 540
投资支付的现金	-2 509 672	-2 108 179	-1 621 868	-1 433 975
购建固定资产、无形资产和其他长期资产支付的现金	-34 247	-36 942	-11 606	-11 364
取得子公司、联营企业及合营企业投资支付的现金	-2 860	-3 390	-97 079	-595
投资活动现金流出小计	-2 546 779	-2 148 511	-1 730 553	-1 445 934
投资活动产生的现金流量净额	-246 386	-757 279	-184 368	-646 394
三、筹资活动产生的现金流量				
吸收投资收到的现金	7 733	31 046	—	27 969
其中：少数股东投入的现金	7 733	3 077		
本行发行优先股收到的现金	—	27 969	—	27 969
发行债券收到的现金	150 721	109 991	131 949	101 050
收到其他与筹资活动有关的现金	33	—		
筹资活动现金流入小计	158 487	141 037	131 949	129 019
分配股利、利润或偿付利息支付的现金	-75 893	-75 888	-68 093	-70 479
其中：向本行股东分配股利支付的现金	-58 236	-60 946	-8 236	-60 946

（续表）

	中国银行集团		中国银行	
	2016 年	2015 年	2016 年	2015 年
子公司支付给少数股东的股利	-6 003	-3 497	—	—
偿还债务支付的现金	-83 560	-93 643	-62 020	-86 720
支付其他与筹资活动有关的现金	-747	-221	—	—
筹资活动现金流出小计	-160 200	-169 752	-130 113	-157 199
筹资活动产生的现金流量净额	-1 713	-28 715	1 836	-28 180
四、汇率变动对现金及现金等价物的影响	33 187	17 827	30 637	19 598
五、现金及现金等价物净减少额	-32 831	-96 073	-21 706	-63 852
加：年初现金及现金等价物余额	1 052 078	1 148 151	903 834	967 686
六、年末现金及现金等价物余额	1 019 247	1 052 078	882 128	903 834

7.1.4　资产负债表、利润表、现金流量表三者的关系

总体上讲，三张报表披露的是对管理者决策有用的财务信息，其中，资产负债表是商业银行在特定日期的财务状况的反映；损益表是商业银行一定时期经营成果的反映；现金流量表是商业银行一定时期内现金流入和现金流出的反映。

进一步分析资产负债表和损益表、现金流量表的内在关系可见，资产负债表中资产与负债的数量与结构，以及由此决定的资产收益率和负债成本率，直接影响银行的净利息收入，决定银行净利润水平。由于损益表上发生的收、支数额一般都是由银行经营的资产与负债业务产生的，所以损益表又对资产负债表起到补充说明作用，说明了资产负债表上留存收益形成的过程和原因。现金流量表既可以解释资产负债表总量及内部结构变动的原因，又可以说明银行净利润与整个银行营业活动所产生的净现金流量出现差异的原因，因此它是连接资产负债表和利润表的桥梁。但把它作为评估企业未来现金流动前景的依据是不充分的，因为本期的现金流入，特别是经

营收入有一部分可能是来自前期的业务交易，而某些本期的现金流出将产生预期的未来现金流入。因此，仅有现金流量表，不能充分说明银行的资源和资源要求权在各个期间的实际变动关系，它必须和资产负债表、利润表综合使用，才能更好地揭示企业的未来现金流动前景。

7.1.5　权责发生制与收付实现制

在会计主体的经济活动中，经济活动的发生和货币的收支时间不是完全一致的，即存在着经济活动与现金流变动的分离。由此而产生两个确认和记录会计要素的标准，一个标准是根据货币收支是否当期收到或付出来作为确认和记录的依据，称为收付实现制；另一个标准是以取得收款权利或付款责任作为记录收入或费用的依据，称为权责发生制。

举例说明如下：

①A银行2017年12月15日预付2018年租金240万元，按照权责发生制原则，其受益期是2018年，那么其费用的归属（计入期间）也就是2018年。而收付实现制是以收到（付出）的时期来确认收入（费用）归属期的，故而这种处理是将240万元作为2017年的支出（费用）进行录入。

②A银行2017年1月1日，发放给粤华企业一笔2年期、年利率8%的贷款200万元。按照权责发生制原则，该贷款已放款，同时也获得每年收取利息的权利，"权"和"责"是关联对应的，虽然2017年末利息没有到账，但在2017年损益表里应当作为2017年的收入进行账务处理。而收付实现制是以实际收到款项的那个月份进行账务处理。

③A银行2017年1月1日，吸收一笔2年期年利率8%的存

款 200 万元。按照权责发生制原则，在 2017 年损益表里应当作为 2017 年支出进行账务处理。而收付实现制是以实际支出利息的那个月份进行账务处理。

由于银行发生的货币收支业务与交易事项本身在时间上并不完全吻合，采用不同的账务处理方法，会导致不同的结果。下面用一个案例，分析这两种账务处理的异同，并说明它对收入、费用和盈亏的影响。思考为何企业要采用权责发生制。

【案例 7-1】权责发生制与收付实现制的差异

A 银行 2017 年发生以下五笔业务，试分别用权责发生制与收付实现制计算 2017 年的收入、支出和损益（不考虑增值税）。

(1) 发放给粤华企业一笔 2 年期年利率 10% 的 200 万元的贷款。

(2) 吸收一笔 2 年期年利率 8% 的 200 万元的存款。

(3) 预付明年的租金 240 万元。

(4) 购买五年期国债 200 万元，年利率 5%。

(5) 同业拆借给 B 银行 500 万元，一年期年利率 3%。

采用权责发生制和收付实现制两种方式进行核算，具体对比结果如表 7-4 所示。

表 7-4　权责发生制和收付实现制报表编制

单位：万元

业务编号	权责发生制			收付实现制		
	收入	费用	损益	收入	支出	损益
(1)	20					
(2)		16				
(3)			29		240	-240
(4)	10					
(5)	15					

7.2　财务分析方法

　　财务分析就是指以会计核算、报表资料等为依据，使用一系列的分析技术与方法，对商业银行过去与现在的筹资活动、经营活动、分配活动等的营运能力、偿债能力以及增长能力等做出分析与评价。财务分析的目的旨在为商业银行的管理层提供关于企业过去、现在及未来等情况的可靠资料，为管理层未来的决策提供依据与参考。

　　财务分析的基本方法主要包括结构百分比分析法、会计要素总量分析法、财务比率分析法、因素分析法和杜邦分析法等五类。

7.2.1　结构百分比分析法

　　结构百分比，又称比重，是指某项指标各组成项目占总体指标的百分比。比重的计算均是以财务指标总体数值作为共同的比较基础，因此也称之为共同比。

　　结构百分比分析法是指通过分析指标结构变化，来反映该指标的特征和变化规律的一种分析方法。分析资产负债表、损益表、现金流量表的结构变动状况时，通常使用该方法将三大报表转换成结构百分比报表。结构百分比可以显示总体指标的内部框架，揭示各项目相互的联系与区别，及其在总体指标中所占地位的重要程度，便于使人们分清主次因素，突出分析重点。

　　结构百分比分析法的一般步骤如下。

　　(1) 计算百分比

　　计算财务报表中各项目占总额的比重或百分比,计算公式如下:

第 7 章　商业银行财务报表

结构百分比 (比重)=(部分 / 总体)×100%

一般比重越大，说明项目的重要程度越高，对总体的影响越大。

(2) 指标分析

指标分析一般包括两个方面：一是对报告期各项目的比重与前期同项目比重进行对比，分析项目比重的变动情况；二是将本商业银行报告期项目比重与同类商业银行的可比项目进行对比，研究本商业银行与同类商业银行的不同，分析成效和存在的问题。

表 7-5 是应用结构百分比分析法对中国银行 2016 年度资产负债项目的分析。2016 年与 2015 年的资产构成中，客户贷款净额占总资产的比重最大，分别为 53.64%、53.14%，是主要的资产来源。与 2015 年相比，2016 年的客户贷款净额增加了 0.5%。

表 7-5　中国银行资产负债项目结构百分比分析表

单位：百万元

项目	2016 年 12 月 31 日		2015 年 12 月 31 日	
	金额	占比	金额	占比
资产				
客户贷款净额	9 735 646	53.64%	8 935 195	53.14%
投资	3 972 884	21.89%	3 595 095	21.38%
存放中央银行	2 271 640	12.52%	2 196 063	13.06%
存拆放同业	1 066 363	5.88%	931 225	5.54%
其他资产	1 102 356	6.07%	931 225	5.54%
资产总计	18 148 889	100.00%	16 815 597	100.00%
负债				
客户存款	12 148 889	76.55%	11 729 579	75.88%
同业存拆入及央行负债	2 474 038	15.59%	2 444 475	15.81%
其他借入资金	389 470	2.45%	313 210	2.03%
其他负债	858 541	5.41%	971.136	6.28%
负债合计	15 870 938	100.00%	15 458 400	100.00%

7.2.2　会计要素总量分析法

总量指标是指财务报表项目的总金额，如总资产、总负债、净资产、净负债、净利润等。会计要素总量分析法是将这些总量指标与本行以往年份的数据进行比较，或与计划预算指标值进行比较，还可以与同类银行的指标值作比较。

如表 7-5，2016 年末，集团资产总计 181 488.89 亿元，比上年末增加 13 332.92 亿元，增长 7.93%；集团负债合计 166 617.97 亿元，比上年末增加 158 709.38 亿元，比上年末增加 4 125.38 亿元，增长 2.67%。

7.2.3　财务比率分析法

财务比率是各会计要素的相互关系，反映了各会计要素之间的内在联系。由于财务比率用相对数表示，能够排除规模的影响，使不同的比较对象建立起可比性。分析评价银行的经营理财状况，采用财务比率法更能说明问题。因此，财务比率的比较是最为重要的分析方法之一。

在用财务比率对银行财务状况进行分析时，比率指标的分析内容主要涉及银行资金实力分析、清偿能力的分析、风险分析、经营效率分析、经营成果分析等，下面重点介绍经营效率分析、经营成果分析。

1. 经营效率分析

(1) 资产使用率

资产使用率是银行总收入与资产总额之比，计算公式为：

$$资产使用率 = 总收入 / 资产总额 \times 100\%$$

资产使用率反映了银行资产的利用效率，即一定数量的资产能够实现多少收入。该比率越高，说明银行利用一定量的资产所获得的收入越多，其经营效率越高。

(2) 财务杠杆比率

财务杠杆比率是指资产总额与资本总额之比，计算公式为：

$$杠杆比率 = 总资产 / 总资本 \times 100\%$$

财务杠杆比率说明银行资本的经营效率，一定量的资本能创造多少资产。比率过大，说明资本不足，银行经营风险较大；反之，又说明定量的资本所创造的资产过少，资本没得到充分利用。

2. 经营成果分析

(1) 资产收益率 (ROA)

资产收益率是银行税后净利润与总资产之比，计算公式为：

$$资产收益率 = 税后净利润 / 总资产 \times 100\%$$

资产收益率是指每单位资产获得了多少净利润，该项指标是反映商业银行资产质量、收入水平、成本管理水平、负债管理水平以及综合管理水平的综合指标。

(2) 资本收益率 (ROE)

资本收益率是银行净利润与所有者权益数额之比，计算公式为：

$$资本收益率 = 税后净利润 / 总资本 \times 100\%$$

资本收益率是用来衡量每单位资产创造多少净利润，该项指标也称为股本收益率或净资产收益率，反映银行资本的盈利能力和水平，从而评价银行的经营成果。

(3) 银行利润率

银行利润率是银行净利润与总收入之比，计算公式为：

$$银行利润率 = 净利润 / 总收入 \times 100\%$$

银行利润率的大小说明银行能够支配的利润有多少。比率越大，银行能支配的利润越多；比率越少，银行能支配的利润越小。

(4) 银行利差率

银行利差率是银行利差与银行盈利资产之比，计算公式为：

$$银行利差率 = (利息收入 - 利息支出) / 盈利资产 \times 100\%$$

银行利差率反映银行的盈利资产能产生多少净收入。一般情况下，除去现金和固定资产，均为盈利资产。由于银行收入主要来自于盈利资产，这个比率越大，说明银行盈利资产的获利能力越强。

(5) 成本收入比率

成本收入比率是银行业务及管理费与营业收入之比，计算公式为：

$$成本收入比率 = 业务及管理费 / 营业收入 \times 100\%$$

成本收入比率反映出银行每一单位的收入需要支出多少成本，该比率越低，说明银行单位收入的成本支出越低，银行获取收入的能力越强。根据以上财务比率计算公式，结合中国银行股份有限公司 2016 年年报数据，可以计算出其主要的财务比率值，如表 7-6 所示。

表 7-6　中国银行股份有限公司 2016 年和 2015 年主要财务比率

主要财务比率	2016 年	2015 年
资产使用率	2.68%	2.83%
财务杠杆比率	7.06%	7.03%
资产收益率	1.01%	1.07%
资本收益率	12.38%	13.22%

（续表）

主要财务比率	2016 年	2015 年
银行利润率	37.83%	37.67%
银行利差率	1.96%	2.29%
成本收入比率	28.08%	28.30%

7.2.4　因素分析法

因素分析是依据分析指标与影响因素的关系，从数量上确定各因素对指标的影响程度。

因素分析法的基本步骤是：

(1) 根据影响某项指标变动的因素，按依存关系，确定该指标各因素的排列顺序；

(2) 为分析各因素对指标的影响，在基期指标的基础上，依次假定某一因素变动，而其他因素不变，求得的结果与该因素没有变动之前的指标数值相减，即得到该因素变动对指标变动的影响。

例如中国银行 2016 年利息收支变动因素分析结果如表 7-7 所示。

7.2.5　杜邦财务分析法

杜邦分析法是用来评价商业银行盈利能力和股东权益回报水平，从财务角度评价商业银行绩效的一种经典方法，利用几种主要的财务比率之间的关系来综合地分析商业银行的财务状况，由于这种分析方法最早被美国杜邦公司使用，故命名为杜邦分析法。其基本思想是将商业银行净资产收益率逐级分解为多项财务比率乘积，这样有助于深入分析比较商业银行经营业绩。

表 7-7 中国银行利息收支变动因素分析表

单位：百万元

项目	2016 年			2015 年			对利息收支变动的因素分析		
	平均余额(1)	利息收支(2)	平均利率(3)	平均余额(4)	利息收支(5)	平均利率(6)	规模因素(7)=[(1)-(4)]*(6)	利率因素(8)=[(3)-(6)]*(1)	合计=(7)+(8)
集团									
生息资产									
客户贷款	9 705 785	391 956	4.04%	8 916 436	435 062	4.88%	38 520	-81 626	-43 106
投资	3 723 928	114 399	3.07%	3 145 750	108 651	3.45%	19 947	-14 199	5 748
存放中央银行	2 231 364	29 831	1.34%	2 257 227	29 528	1.31%	-339	642	303
存拆放同业	1 106 274	29 953	2.71%	1 205 045	41 815	3.47%	-3 427	-8 435	-11 862
小计	16 767 348	566 139	3.38%	15 524 458	615 056	3.96%	54 704	-103 618	-48 917
付息负债									
客户存款	12 501 297	199 915	1.06%	11 388 012	221 288	1.94%	21 598	-42 971	-21 373
同业存拆入及对央行负债	2 606 838	47 993	1.84%	2 703 157	54 209	2.01%	-1 936	-4 280	-6 216
发行债券	322 431	12 183	3.78%	271 374	10 909	4.02%	2 052	-778	1 274
小计	15 430 566	260 091	1.69%	14.362 543	286 406	1.99%	21 714	-48 029	-26 315
利息净收入		306 048			328 650		32 987	-55 589	-22 602
净息差			1.83%			2.12%			0.29%

1. 杜邦分析法的财务指标关系

杜邦分析法中的几种主要的财务指标关系为：

$$净资产收益率 = 总资产净利润 \times 权益乘数$$
$$= 主营业务净利润 \times 总资产周转率 \times 权益乘数$$

其中，主营业务净利润 = 净利润 / 主营业务收入

$$总资产利润率 = 主营业务净利润 \times 总资产周转率$$
$$总资产周转率 = 主营业务收入 / 平均资产总额$$
$$权益乘数 = 资产总额 / 所有者权益总额$$
$$= 1/(1- 资产负债率)=1+ 产权比率$$

在杜邦体系中，包括以下几种主要的指标关系：

(1) 净资产收益率是整个分析系统的起点和核心。该指标的高低反映了投资者的净资产获利能力的大小。净资产收益率是由主营业务净利润、总资产周转率和权益乘数决定的。

(2) 权益系数表明了银行的负债程度。该指标越大，银行的负债程度越高。

(3) 净资产收益率是主营业务净利润和总资产周转率的乘积，是银行的业务成果和资产运营的综合反映，要提高净资产收益率，必须增加业务收入，降低资金占用额。

(4) 总资产周转率反映银行资产实现业务收入的综合能力。分析时，必须综合业务收入分析银行资产结构是否合理，即流动资产和长期资产的结构比率关系。

2. 杜邦分析法的基本步骤

(1) 从净资产收益率开始，根据会计资料 (主要是资产负债表和损益表) 逐步分解计算各指标。

(2) 将计算出的指标填入杜邦分析图。

(3) 逐步进行前后期对比分析，也可以进一步进行同类银行间的横向对比分析。

图 7-1 是中国银行 2016 年末杜邦分析系统图。

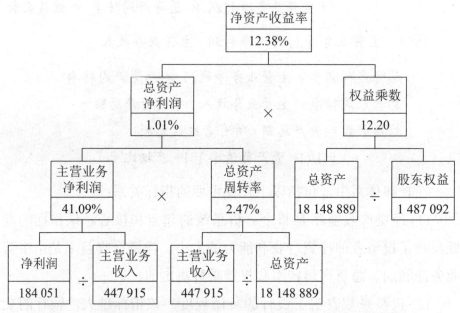

图 7-1　中国银行杜邦分析图（单位：百万元）

第8章

监管概述

　　银行体系是我国融资体系的主渠道,《巴塞尔协议 III》确立了微观审慎和宏观审慎相结合的金融监管新模式,大幅度提高了商业银行资本监管要求,建立全球一致的流动性监管量化标准,将对商业银行经营模式、银行体系稳健性乃至宏观经济运行产生深远的影响。

8.1 银监会监管概述

1. 监管目标

监管的主要目标是要保护广大存款人和金融消费者的利益，通过审慎有效监管，增进对市场的信心；同时，增进公众对现代金融的了解；努力减少金融犯罪，维护金融稳定。

2. 监管的基本原则

监管的基本原则主要体现在公开、公正两个方面：

(1) 公开原则

公开原则是指监管活动除法律规定需要保密的以外，应当具有适当的透明度。公开主要包括三个方面的内容：

① 监管立法和政策标准公开；

② 监管执法和行为标准公开；

③ 行政复议的依据、标准、程序公开。

(2) 公正原则

公正原则是指银行业市场的参与者具有平等的法律地位，银监会进行监管活动时应当平等对待所有参与者。公正原则包括两个方面：

① 实体公正，要求平等对待监管对象；

② 程序公正，要求履行法定的完整程序，不因监管对象不同而有所差异。

3. 监管工作的标准

监管工作的标准主要包括以下六点：

① 促进金融稳定和金融创新共同发展；

② 努力提升我国银行业在国际金融服务中的竞争力;

③ 对各类监管设限做到科学合理,有所为有所不为,减少一切不必要的限制;

④ 鼓励公平竞争,反对无序竞争;

⑤ 对监管者和被监管者都要实施严格、明确的问责制;

⑥ 高效、节约地使用一切监管资源。

8.2　风险监管

风险监管是指通过识别商业银行固有的风险种类,进而对其经营管理所涉及的各类风险进行评估,并按照评级标准,系统、全面、持续地评价一家银行经营管理状况的监管方式。这种监管方式重点关注银行的业务风险、内部控制和风险管理水平,检查和评价涉及银行业务的各个方面,是一种全面、动态掌握银行情况的监管。

风险监管核心指标如表 8-1 所示。

表 8-1　商业银行风险监管核心指标一览表

指标类别		一级指标	二级指标	指标值
风险水平	流动性风险	1. 流动性比例		大于等于 25%
		2. 核心负债依存度		大于等于 60%
		3. 流动性缺口率		大于等于 -10%
	信用风险	4. 不良资产率	4.1 不良贷款率	小于等于 4% 小于等于 5%
		5. 单一集团客户授信集中度	5.1 单一客户贷款集中度	小于等于 15% 小于等于 10%
		6. 全部关联度		小于等于 50%
	市场风险	7. 累计外汇敞口头寸比例		小于等于 20%
		8. 利率风险敏感度		
	操作风险	9. 操作风险损失率		

（续表）

指标类别		一级指标	二级指标	指标值
风险迁徙	正常类贷款	10. 正常贷款迁徙率	10.1 正常类贷款迁徙率 10.2 关注类贷款迁徙率	
	不良贷款	11. 不良贷款迁徙率	11.1 次级贷款迁徙率 11.2 可疑贷款迁徙率	
风险抵补	盈利能力	12. 成本收入比		小于等于 35%
		13. 资产利润率		大于等于 0.6%
		14. 资本利润率		大于等于 11%
	准备金充足程度	15. 资产损失准备充足率	15.1 贷款准备充足率	大于 100%
	资本充足程度	16. 资本充足率	16.1 核心资本充足率 16.1 核心一级资本充足率	大于等于 8% 大于等于 4%

8.3　银行监管评级

商业银行监管评级体系由监管评级要素体系、评级方法体系、评级操作规程体系和评级结果运用体系构成。

8.3.1　评级要素

商业银行监管评级要素共七项，分别为资本充足 (C)、资产质量 (A)、管理质量 (M)、盈利状况 (E)、流动性风险 (L)、市场风险 (S) 和信息科技风险 (I)。

8.3.2　评级方法

评级方法主要包含以下核心内容：

1. 评级要素权重设置

七项评级要素的标准权重分配如下：资本充足 (15%)、资产质量 (15%)、管理质量 (20%)、盈利状况 (10%)、流动性风险 (20%)、市场风险 (10%) 和信息科技风险 (10%)。银监会各机构监管部门可根据各类银行业金融机构的风险特征和监管重点，将单个评级要素权重上下浮动 5 个百分点，以灵活调整每个评级要素的权重，总权重仍为 100%，并于每年开展监管评级工作前确定当年评级要素权重、制定相关评级流程。

2. 评级指标得分

对各评级指标设定分值及若干评价要点。评级指标得分由监管人员按照评分依据及评分原则评估后，结合专业判断确定。

3. 评级要素得分

评级要素得分为各评级指标得分加总。

4. 评级得分

评级得分由各评级要素得分按照要素权重加权汇总后获得。

5. 最终评级得分

各机构监管部门结合监管关注事项和日常监管掌握的资料，对单家机构的评级得分进行审核调整，获得其最终评级得分。

6. 等级确定

根据分级标准，以最终评级得分确定银行的监管评级等级。综合评级结果从 1 至 6 共分为 6 个级别，如表 8-2 所示。

表 8-2　监管评级等级对应分数表

级别	1 级	2 级	3 级	4 级	5 级	6 级
分值	90 分 (含) ~100 分	75 分 (含) ~90 分	60 分 (含) ~75 分	45 分 (含) ~60 分	30 分 (含) ~45 分	30 分以下

（续表）

评级要素	权重	定量指标	分数	定性因素	分数
资本充足	15%		50		50
		资本充足率	40%	银行资本质量和构成	8
		一级资本充足率	20%	银行整体财务状况及资本的影响	8
		核心一级资本充足率	10%	银行资产质量及拨备计提情况	8
		杠杆率	30%	银行资本补充能力	10
				银行资本管理情况	8
				银行监管资本的风险覆盖和风险评估情况	8
资产质量	15%		40		60
		不良贷款率	20%	不良贷款和其他不良资产的变动趋势	10
		逾期90天以上贷款与不良贷款比例	15%	信用风险资产集中度	5
		单一客户贷款集中度/单一集团客户授信集中度	25%	信用风险管理的政策、程序及其有效性	15
		全部关联度	15%	贷款风险分类制度的完善和有效	10
		拨备覆盖率	25%	保证贷款和抵（质）押贷款及其管理状况	5
				贷款以外其他表内外资产的风险管理状况	15
信息科技风险	10%	—		信息科技治理	15
				信息科技风险管理	12
				信息科技审计	10
				信息安全管理	14
				信息系统开发与测试	12
				信息科技运行与维护	15
				业务连续性管理	12
				信息科技外包管理	10
				重大关注事项	

（续表）

评级要素	权重	定量指标	分数	定性因素	分数
管理质量	20%	—		决策机制	10
				监督机制	4
				执行机制	6
				发展战略、价值准则和社会责任	8
				激励约束机制	6
				信息披露	6
		—		内部控制环境	10
				风险识别与评估	10
				内部控制措施	10
				数据质量管理	20
				信息交流与反馈	5
				监管评教与纠正	5
盈利状况	10%		50		50
		资产利润率	20%	盈利的真实性	12
		资本利润率	20%	盈利的稳定性	12
		成本收入比率	20%	盈利的风险覆盖性	12
		风险资产利润率	15%	盈利的可持续性	7
		净息差	15%	财务管理的有效性	7
		非利息收入比例	10%		
流动性风险	20%		40		60
		存贷比	30%	流动性管理治理结构	12
		流动性比例	35%	流动性风险管理策略、政策和程序	12
		流动性覆盖率	35%	流动性风险识别、计量、监测和控制	20
				流动性风险管理信息系统	8
				流动性风险管理的其他要素	8

评级得分	90~100分	85~90分	80~85分	75~80分	70~75分	65~70分	60~65分	55~60分	50~55分	45~50分	30~45分	0~30分
评级结果	1级	2A	2B	2C	3A	3B	3C	4A	4B	4C	5级	6级

8.3.3 评级操作规程体系

评级操作流程由信息收集、初评、复评、审核、评级结果反馈、档案归集、后评价等环节组成。银监会各机构监管部门统筹组织和协调年度法人监管评级工作。监管人员须充分了解和熟悉监管评级的所有要素和评级原理方法，依据规范的评级步骤和程序进行评级工作，并充分运用评级结果确定不同的监管措施和重点。

8.3.4 评级结果运用

监管评级结果应当作为衡量商业银行风险程度的主要依据。

综合评级结果为 1 级，表示银行几乎在每一个方面都是健全的，所发现的问题基本是轻微的并且能够在日常运营中解决。此外，银行对经济及金融的动荡有较强的抵御能力，有能力应付环境的各种变化。

综合评级结果为 2 级，表示银行基本是一个健全的机构，但存在一些可以在正常运营中得以纠正的弱点。银行是稳健的且具有良好的抵御经营环境起伏变化的能力，但是存在的弱点再发展下去可能产生较大问题。

综合评级结果为 3 级，表示银行存在一些从中等程度到不满意程度的弱点。银行勉强能抵御业务经营环境的逆转，如果改正弱点的行动不奏效，便很容易导致经营状况恶化。虽然从其整体实力和财务状况来看不大可能出现倒闭情形，但仍很脆弱，应当给予特别的监管关注。

综合评级结果为 4 级，表示银行存在较多的严重问题或一些不安全、不健全的情况，而且这些问题或情况尚没有得到满意的处理或解决。除非立即采取纠正行动，否则有可能进一步恶化并损害银行未来的生存能力。银行存在倒闭的可能性，但是不会立即发生。

对于资本净额为正数但达不到监管要求的，或存在重大不遵守法律法规情况的银行，通常也给予这个评级。

评级结果为 5 级，表示银行存在严重的问题和不安全、不健全的情况，无论是问题的特性和数量，或是不安全、不健全的情况都到了非常严峻的地步，且这些银行的业绩表现非常差，以致需要从股东或其他途径获取紧急救助，以避免产生倒闭的风险。

评级结果为 6 级，表示银行存在问题和不安全、不健全的情况已严峻到可能引发严重的信用危机和支付问题，对于已经无法采取措施进行救助的，监管机构可以视情况实施市场退出。

8.4　银监会发布 2017 年四季度主要监管指标数据案例

近日，银监会发布 2017 年四季度主要监管指标数据。当前银行业运行稳健，风险可控，服务实体经济质效进一步提升。

截至 2017 年底，我国银行业金融机构本外币资产 252 万亿元，同比增长 8.7%，增速较上年末下降 7.1 个百分点。其中，各项贷款 129 万亿元，同比增长 12.4%；总负债 233 万亿元，同比增长 8.4%；各项存款 157 万亿元，同比增长 7.8%。

商业银行核心一级资本充足率为 10.75%，与上年末基本持平；一级资本充足率为 11.35%，较上年末上升 0.1 个百分点；资本充足率为 13.65%，较上年末上升 0.37 个百分点；资产利润率为 0.92%，资本利润率为 12.56%。

商业银行不良贷款余额 1.71 万亿元，不良贷款率 1.74%；关注类贷款余额 3.41 万亿元，关注类贷款率 3.49%。

商业银行贷款损失准备余额为 3.09 万亿元，较上年末增加 4 268 亿元；拨备覆盖率为 181.42%，较上年末上升 5.02 个百分点；贷款拨备率为 3.16%，较上年末上升 0.09 个百分点。

银行业流动性充足，流动性比例为 50.03%，人民币超额备付金率为 2.02%，存贷款比例为 70.55%，流动性覆盖率为 123.26%。

普惠金融力度加大，银行业金融机构用于小微企业贷款和涉农贷款余额均达到 31 万亿元，同比分别增长 15.1% 和 9.6%。保障性安居工程贷款同比增长 42.3%，高于各项贷款平均增速 29.9 个百分点。

2017 年商业银行主要监管指标情况如表 8-3 所示。

表 8-3　商业银行主要监管指标情况表（法人）(2017 年)[①]

时间 项目	一季度	二季度	三季度	四季度
(一) 信用风险指标				
正常类贷款	858 300	887 679	911 417	926 711
关注类贷款	34 214	34 161	34 218	34 092
不良贷款余额	15 795	16 358	16 704	17 057
其中：次级类贷款	6 402	6 556	6 708	6 250
可疑类贷款	6 963	7 367	7 486	7 965
损失类贷款	2 430	2 436	2 510	2 842
正常类贷款占比	94.49%	94.62%	94.71%	94.77%
关注类贷款占比	3.77%	3.64%	3.56%	3.49%
不良贷款率	1.74%	1.74%	1.74%	1.74%
其中：次级类贷款率	0.70%	0.70%	0.70%	0.64%
可疑类贷款率	0.77%	0.79%	0.78%	0.81%
损失类贷款率	0.27%	0.26%	0.26%	0.29%
贷款损失准备	28 236	28 983	30 133	30 944
拨备覆盖率	178.76%	177.18%	180.39%	181.42%
贷款拨备率	3.11%	3.09%	3.13%	3.16%

① 资料来源：中国银行业监督管理委员会．银监会发布 2017 年四季度主要监管指标数据 [EB/OL].[2018-02-09].http://www.cbrc.gov.cn/chinese/home/docView/D4B5FFABD3024C BF8CB99E0ACFF67F46.html.

（续表）

时间 项目	一季度	二季度	三季度	四季度
(二)流动性指标				
流动性比例	48.74%	49.52%	49.17%	50.03%
存贷比(人民币)*	67.74%	69.12%	70.01%	70.55%
人民币超额备付金率	1.65%	1.65%	1.42%	2.02%
流动性覆盖率**	119.07%	122.96%	120.21%	123.26%
(三)效益性指标				
净利润(本年累计)	4 933	97 031	14 274	17 477
资产利润率	1.07%	1.04%	1.02%	0.92%
资本利润率	14.77%	14.48%	13.94%	12.56%
净息差	2.03%	2.05%	2.07%	2.10%
非利息收入占比	26.84%	24.84%	23.63%	22.65%
成本收入比	26.76%	27.60%	28.63%	31.58%
(四)资本充足指标***				
核心一级资本净额	124 282	124 985	129 439	132 195
一级资本净额	129 918	130 623	135 159	139 488
资本净额	152 817	154 587	160 829	167 815
信用风险加权资产	1 055 663	1 078 207	1 108 707	1 125 547
市场风险加权资产	11 871	11 866	12 553	13 242
操作风险加权资产	84 528	84 668	84 849	88 217
应用资本底线后的风险加权资产合计	1 152 062	1 175 063	1 207 562	1 229 475
核心一级资本充足率	10.79%	10.64%	10.72%	10.75%
一级资本充足率	11.28%	11.12%	11.19%	11.35%
资本充足率	13.26%	13.16%	13.32%	13.65%
杠杆率	6.29%	6.25%	6.40%	6.48%
(五)市场风险指标				
累计外汇敞口头寸比例	3.22%	3.14%	2.95%	2.54%

　　注：* 自 2016 年一季度起，存货比披露口径改为境内口径，与之前年度数据不可比。
** 流动性覆盖率为资产规模在 2 000 亿元以上的商业银行汇总数据。*** 2014 年二季度起，工商银行、农业银行、中国银行、建设银行、交通银行和招商银行等六家银行经核准开始实施资本管理高级方法，其余银行仍沿用原方法。

第 2 篇　实战篇

第9章

金融ERP沙盘实战

9.1 金融 ERP 沙盘实战简介

据说秦在部署灭六国时，秦始皇亲自堆制沙盘研究各国地理形势，在李斯的辅佐下，派大将王翦进行统一战争。中国南朝宋的史学家范晔撰写的《后汉书·马援传》记载：汉建武八年(公元 32 年)光武帝征伐天水、武都一带地方豪强隗嚣时，大将马援"聚米为山谷，指画形势"，使光武帝顿有"虏在吾目中矣"的感觉，这便是最早的沙盘应用。19 世纪末 20 世纪初，沙盘因立体感强、形象直观、制作简便、经济实用等特点，被广泛应用于军事训练，主要供指挥员研究地形和作战方案以及演练战术使用。

随着高校对学生实践能力与创新能力培养的需要，沙盘被应用于高校实践教学，作为一种游戏化的体验式教学，深受学生喜爱。金融 ERP 沙盘实战课程就是应用金融 ERP 沙盘和一组模拟规则，使学生充分体验包括商业银行战略管理、资本管理、风险管理、资产负债管理、财务管理、营销管理、金融市场交易和外部监管等商业银行的主要业务流程和关键经营环节。在实战学习中，学员按5~8 人被划分为一组，每组代表一家商业银行，其中，商业银行设有计划财务部、业务管理部、风险管理部、金融市场部等主要部门，学员分别扮演行长、计财部总监、业务部总监、风控部总监、资金市场部总监等多种管理角色。每家商业银行在完成 6~8 个会计年度经营活动的同时，银行之间还需要在客户、市场、资源等方面展开一番对抗。

学生通过金融 ERP 沙盘实战学习，能够了解商业银行整体经营管理活动，强化学生对商业银行经营管理理论、工具方法的应用，有效提高学生的实践创新能力与综合素质。具体表现在以下五个方面：

1. 培养学生的战略观

使学生从商业银行高层管理者的角度纵观全局战略。培养其在多变的经营环境里，面对众多竞争对手，如何作出合理的经营决策以实现商业银行的战略目标，同时深刻体会商业银行如何在资本管理、风险管理、盈利管理和绩效管理等方面做到协调统一。

2. 培养学生的全局观

使学生从商业银行中层管理者的角度，熟悉商业银行主要管理部门的职能，熟悉各管理职能部门的工作内容，并通过了解商业银行整体运营流程，理解企业价值形成过程，切身体会各个部门对银行整体绩效产生的影响。

3. 培养学生的资源观

学生从商业银行基层管理者的角度，熟悉商业银行主要业务处理流程，培养学生对业务的策略性思考能力，并认识到商业银行资本的稀缺性以及在整个商业银行中的重要作用，深入理解财务指标、风险指标、绩效指标、监管指标等各类指标的内涵。

4. 培养学生的风险观

学生在模拟运营过程里深刻体会到金融企业特征体现在经营管理风险之中，刻意回避风险，意味着放弃业务机会。通过对风险的有效管理，可以实现价值创造。

5. 培养学生的综合能力和素养

学生在模拟经营过程中要完成包括市场分析、风险分析、财务分析、绩效分析等多维分析活动，并结合分析结果做出科学合理的决策，有效提高了学生对理论知识的应用能力以及分析判断能力、决策能力。同时，每个学员需要各司其职、各尽其能，相互之间做好沟通协商、齐心协力，才能赢得经营的成功，有利于培养学生的人际沟通能力与团队协作能力。再者，要求学生在经营中诚实守信、严格按模拟规则经营，培养了学生的诚信意识。

9.2　金融 ERP 沙盘实战特点

金融 ERP 沙盘实战教学特点突出表现在以下几个方面：

1. 仿真性高

金融 ERP 沙盘课程融入各种相关的内外部环境变量，贴近商业银行实际运营情况和运营规则进行设计，将商业银行典型的组织架构、业务活动与流程、内外部资源等要素借助沙盘展示出来。课程内容涉及商业银行战略层、管理层、操作层三个层级的计划、组织、协调、控制等活动，如表 9-1 所示，实现了对金融环境仿真、金融机构仿真、业务流程仿真及岗位职责仿真。

2. 趣味性浓

沙盘课程学习主要借助沙盘和各种教具完成，学生在模拟经营过程中需要在沙盘盘面上摆放代表不同含义的各种教具，寓教于乐、生动有趣。同时，沙盘课程在内容设计上具有互动性和竞争性，组内成员之间需要合作互动，不同组间既有竞争对抗，也有协同合作，整个学习过程中学生都处于高度兴奋状态，极大地调动起其学习热情。

3. 体验性强

体验式学习是沙盘课程最鲜明的特点，金融 ERP 沙盘将复杂、抽象的商业银行经营管理理论以最直观的方式让学生体验、学习。

课程能够使学生充分运用听、说、做、学等学习方式，开启一切可以调动的感官功能，学习过程"看得见、摸得着"，从而达到对所学内容的深度记忆。每位学生都需要亲身参与商业银行运营，都需要根据角色分工作出相应决策，学生通过将所学的管理理念和方法在模拟经营中反复应用和体验，达到活化认知的教学目的，学生对所学内容理解更透、记忆更深，他们获得的不再是间接的概念、理论知识，而是宝贵的实践经验和深层次的领会与感悟。

表 9-1　金融 ERP 沙盘实战内容

沙盘功能	实战内容
市场环境实战	经济环境预测；市场景气指数预测；监管政策研究；信贷市场预测；顾客行为分析；监管机构模拟；第三方咨询机构模拟等
战略管理实战	评估内外部环境，制定战略规划；研究竞争策略；应用 SWOT、波特五力等战略分析工具等
风险管理实战	管理决策者风险偏好实战；信用风险、流动性风险、市场风险、操作风险四大风险的识别、计量与监控；利率缺口管理技术的应用，风险报表编制与分析等
资产负债管理	资产负债业务匹配管理；缺口管理技术应用等
资本管理实战	账面资本、监管资本、风险资本三大资本内涵理解；资本充足性管理等
财务管理实战	费用预算编制；现金流管理；固定资产投资与折旧；财务报表编制；财务指标计算；财务分析；财务报告编写等
核心业务实战	存款业务模拟；贷款业务模拟；贷款业务评估；不良业务处置等
金融业务实战	同业拆借业务模拟；债券业务模拟；投融资业务模拟等
营销管理实战	新市场开拓；渠道建设；业务推广；营销计划编制等
外部监管实战	风险水平类指标、风险迁徙类指标、风险抵补类指标等监管指标计算；监管报表的编制等
团队管理实战	团队创建、团队执行力训练、团队激励等
人力资源管理	核心价值观的形成；部门岗位培训；员工薪酬设计；薪酬分配；ROROC、EVA 等关键绩效指标应用等

9.3 金融 ERP 沙盘实战角色

金融 ERP 沙盘模拟课程以团队合作方式完成实验任务，每个团队至少由 5 位成员构成。其中，行长 1 人、计划财务部 1 人、公司 & 个人业务部总监 1 人、风险管理部总监 1 人、金融市场部总监 1 人、各部门骨干员工若干，具体角色及任务如表 9-2 所示。每个部门人员在银行经营管理过程中职责分工不同，只有通过相互沟通配合才能共同实现经营目标。各角色的主要职责如下：

1. 行长职责

负责带领团队确定银行使命，制定全行整体战略目标和年度规划目标，包括业务规模目标、渠道建设目标、盈利目标、风险控制目标等，使资本回报率最大化。

2. 计划财务部总监职责

负责制定全行的资金计划，包括信贷资金计划、资金运营计划、现金计划、费用计划；全行资金营运和利率风险管理，对全行资金头寸进行合理调度、经营与管理。负责全行的财务管理工作，包括进行全行财务预算，包括收入预算、成本预算、费用预算；完成全行成本收入比的核算与控制；编制财务报表，进行财务分析；负责资产负债管理等。

3. 公司 & 个人业务部总监职责

业务部门是商业银行主要的利润中心，要对全行利润指标负责。负责根据外部环境预测，结合本行总体经营目标和实际情况，制定存款、贷款业务条线发展计划；积极开拓市场、对客户进行预测与分析，制定营销计划与营销方案；吸收单位和个人存款，发放贷款；做好信贷业务审批工作和不良贷款的管理等。

4. 风险管理部总监职责

负责全行风险管理工作，主要包括对信用风险、市场风险、操作风险、合规风险等各类风险的识别；负责全行贷款风险分类的核查和管理工作；制定不良贷款控制计划、风险资产计划和进行风险资本预算；编制风险管理报告等。

5. 金融市场部总监职责

负责拟定资金营运计划、资金头寸预测与管理，使资金得到安全、有效的应用，从而增加银行利润；积极稳妥地开展银行间同业市场业务，包括资金的拆入与拆出；负责债券投资业务、票据贴现业务等。

表 9-2　金融 ERP 沙盘实战角色任务描述

模拟角色	主要任务描述
行长	• 带领团队做好外部经济环境的研究、行业竞争状况和发展趋势研究 • 带领团队制定全行整体发展战略目标 • 负责协调各部门主要工作 • 负责做好全行安全性、流动性与盈利性管理 • 负责做好本行对外联络协调工作
计划财务部总监	• 依据本行整体战略目标，做好本行的资金规划 • 负责做好本行各年度关键财务指标的测算 • 负责本行的头寸管理和日常流动性管理 • 负责本行不良资产的处置 • 负责编制本行的现金流量表、利润表和资产负债表
公司&个人业务部总监	• 依据本行整体战略目标，制定存款业务、贷款业务的中长期规划 • 负责机构网点的规划与设置 • 负责存款与贷款产品的定价 • 负责本行产品的营销工作 • 负责存款业务的办理 • 负责贷款业务的审批以及不良贷款的处理 • 负责统计分析业务条线数据，定期为决策提供数据信息支持

(续表)

模拟角色	主要任务描述
风险管理部总监	• 负责本行的风险管理工作，包括信用风险、市场风险、操作风险、流动性风险 • 负责计量本行的风险大小 • 负责计算主要风险监管指标
金融市场部总监	• 负责本行总体资金运作计划 • 负责本行资金的拆入与拆出 • 负责开展国债、投融资业务

第10章

实战任务

商业银行是现代金融体系中最重要的机构之一，它的基本职能主要体现为信用中介、支付结算、信用创造和金融服务四个方面。作为一类经营货币的特殊企业，商业银行的经营目标就是通过业务发展与风险管理的有机协调，实现业务组合风险与收益的匹配，实现银行价值最大化，进而实现股东价值的最大化。

10.1　实战任务步骤

任务一　组建团队

【实战目的】

1. 理解团队的内涵。

2. 熟悉商业银行的组织结构，主要部门分工与岗位职责。

【实战任务】

1. 组建团队。

2. 分配角色。

3. 设计团队的名称、口号和标识 (LOGO)。

4. 展示团队。

5. 填写评分表。

【实战流程】

1. 成立经营管理团队，按实验要求分配角色，明确不同角色的主要任务。

学员按自愿原则划分为由 5~7 人组成的团队，每个团队独立经营一家商业银行。团队成员分别担任不同部门的总监一职，如果学生人数较多，可增加财务助理和风险助理等角色。

2. 设计团队名称、团队竞争口号、团队标识 (LOGO)。

3. 展示团队。行长带领团队成员上台介绍成员分工、团队名称、团队 LOGO 及寓意。团队成员需一起大声喊出团队口号，鼓舞团队士气。

4. 团队成员按沙盘中设计的角色位置入座。

【温馨提示】

1.行长带领团队成员上台做展示时,其他人不可扰乱课堂秩序,违规者将被扣分。

2.角色分配后并不是一成不变的,可根据个人实际情况或团队需要进行调整。

任务二　模拟期运营

【实战目的】

1.体验金融 ERP 沙盘中不同岗位的主要工作内容。

2.熟悉金融 ERP 沙盘实战流程。

3.熟悉金融 ERP 沙盘规则。

4.熟悉金融 ERP 沙盘教具的功能和使用方法。

5.熟悉金融 ERP 沙盘中各种任务表格的填写。

【实战任务】

股东投资 300M,根据教师发放的模拟期任务清单,根据运营规则完成银行模拟期的运营,主要内容包括机构、渠道建设,主要业务获取,报表填写,由教师带领学生完成。

【实战流程】

1.行长带领团队成员迅速熟悉规则。

2.各部门总监负责填写相关任务表格。

3.计划财务部根据运营结果编制现金流量表、损益表、资产负债表等相关财务报表。

4.风险管理部根据运营结果计算相关监管指标并填写监管报表。

5.行长带领团队成员完成模拟期的经营总结。

【温馨提示】

由于短时间熟悉规则难度较大，行长可分配任务，让各角色先熟悉自己的岗位规则。

任务三　实战体验

【实战目的】

1. 体验商业银行主要管理岗位的工作内容。

2. 熟悉商业银行主要经营管理活动。

3. 了解商业银行主要的业务工作流程。

4. 体验商业银行各部门的分工与协作关系。

5. 理解商业银行"三性"经营原则。

6. 掌握对商业银行的流动性风险、信用风险、市场风险、操作风险的计量。

7. 能够计算商业银行的主要财务指标、风险指标、监管指标并理解其意义。

8. 理解商业银行对各职能部门的绩效考核指标。

9. 编制并分析商业银行财务报表、风险报表。

【实战任务】

根据教师模拟的股东所进行的投资，完成商业银行 6~8 期的运营。运营结束后，撰写银行经营报告和个人分享报告。

【实战流程】

1. 行长带领团队成员进行期初规划。

2. 各部门负责人填写相关任务表格。

3. 财务部根据运行结果编制现金流量表、损益表、资产负债表等相关财务报表。

4. 风险管理部根据运行结果计算相关监管指标并填写监管报表。

5. 行长带领团队成员完成各期的经营总结。

10.2　佳创银行模拟经营分析案例

1. 银行组织架构

佳创银行组织架构如表 10-1 所示。

表 10-1　佳创银行组织架构

佳创银行管理团队	
职位	组员
行长	
副行长	
计划财务部	
风险管理部	
公司 & 个人业务部	
金融市场部	

2. 银行经营环境分析

在团队构建完毕后，首先针对团队进行了 SWOT 分析，以及对模拟经营环境进行了波特五力分析，如表 10-2 和图 10-1 所示。

表 10-2　佳创银行 SWOT 分析

	优势 (strength)	弱势 (weakness)
外部环境 ＼ 内部环境	1. 人力资源配置合理，融合了金融、会计、工管的学生，组成一个专业优势互补的经营团队 2. 行长来自金融专业，且沟通表达能力强，能够帮助组员快速掌握经营规则	理论基础不同，组员沟通时可能会出现沟通失误
机会 (opportunities)	SO	WO
课前准备时间充足，便于团队融合	1. 可以借助行长的专业优势和沟通能力，引导团队成员确立好经营目标 2. 充分发挥组员各自的专业优势，以最快的速度掌握银行沙盘所需的专业知识，分工开展业务学习 3. 根据组员特点做好盘面操作分工，加强盘面和账面的核对，尽可能减少操作失误	1. 尽可能加强组内成员的交流，遇到不懂的专业名词，马上解决，形成组内相互学习的良好氛围 2. 尽可能通过课前的交流缩短磨合时间
威胁 (threats)	ST	WT
不同团队各有强项，有的预算水平高，有的风控水平高，有的业务结构配置水平高	尽可能以行长的经验引导各个职位的组员感受相关角色分工特点，尽可能快速缩小各职位与其他团队强项的差距	加强组与组织间的交流，通过开展组间学习缩小差距

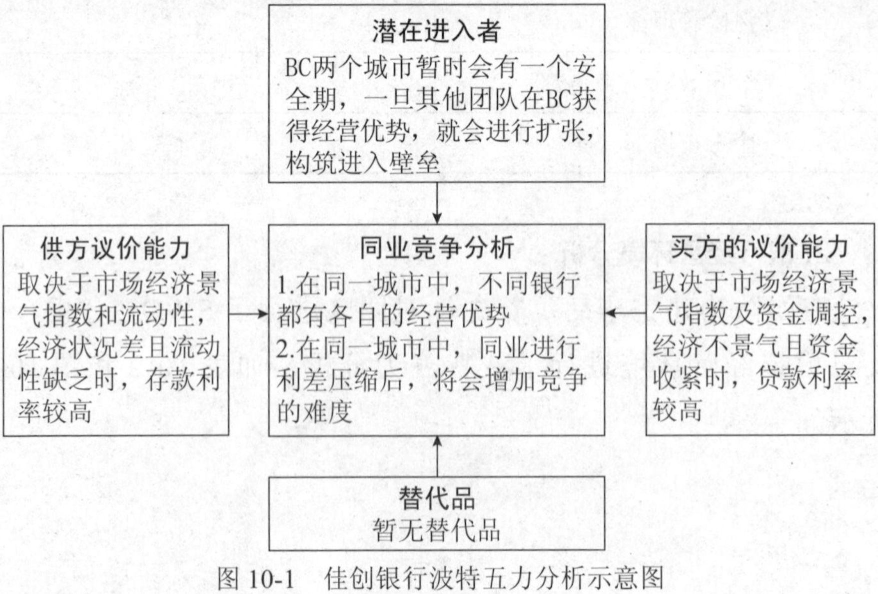

图 10-1　佳创银行波特五力分析示意图

3. 经济预测分析

对经济预测图的有效解读，是制定每期经营规划的重要依据。从经济预测数据看，可以获得一些有价值的信息：一是可以出得出平均存贷利率、存贷量、平均存贷利差及其变化，存贷缺口及其变化；二是从利率的变化中得出存贷款的利率期限结构，如表 10-3~表 10-7 所示。

表 10-3　经济预测信息

期数	第 1 期	第 2 期	第 3 期	第 4 期	第 5 期	第 6 期
存款量	216 000	204 000	192 000	165 000	160 600	165 000
零售存款平均利率	6.00%	6.00%	6.00%	7.00%	6.00%	5.00%
对公存款平均利率	5.00%	5.00%	5.00%	6.00%	5.00%	4.00%
存款平均利率	5.50%	5.50%	5.50%	6.50%	5.50%	4.50%
贷款量	192 000	156 000	168 000	110 000	110 000	143 000
贷款平均利率	14.00%	14.00%	12.00%	16.00%	15.00%	14.00%
存贷缺口	-24 000	-48 000	-24 000	-55 000	-50 600	-22 000
平均缺口变动		-24 000	24 000	-31 000	4 400	28 600
平均利差	8.50%	8.50%	6.50%	9.50%	9.50%	9.50%
平均利差变动		0.00%	-2.00%	3.00%	0.00%	0.00%

表 10-4　对公存款利率期限结构

	1	2	3	4	5
第 1 期	3%	4%	5%	6%	7%
第 2 期	3%	4%	5%	6%	7%
第 3 期	3%	4%	5%	6%	7%
第 4 期	4%	5%	6%	7%	8%
第 5 期	3%	4%	5%	6%	7%
第 6 期	2%	3%	4%	5%	6%

表 10-5　零售存款利率期限结构

	1	2	3	4	5
第 1 期	4%	5%	6%	7%	8%
第 2 期	4%	5%	6%	7%	8%
第 3 期	4%	5%	6%	7%	8%

（续表）

	1	2	3	4	5
第4期	5%	6%	7%	8%	9%
第5期	4%	5%	6%	7%	8%
第6期	3%	4%	5%	6%	7%

表 10-6　平均存款利率期限结构

	1	2	3	4	5
第1期	3.5%	4.5%	5.5%	6.5%	7.5%
第2期	3.5%	4.5%	5.5%	6.5%	7.5%
第3期	3.5%	4.5%	5.5%	6.5%	7.5%
第4期	4.5%	5.5%	6.5%	7.5%	8.5%
第5期	3.5%	4.5%	5.5%	6.5%	7.5%
第6期	2.5%	3.5%	4.5%	5.5%	6.5%

表 10-7　贷款利率期限结构

	1	2	3	4	5
第1期	12%	13%	14%	15%	16%
第2期	12%	13%	14%	15%	16%
第3期	10%	11%	12%	13%	14%
第4期	14%	15%	16%	17%	18%
第5期	13%	14%	15%	16%	17%
第6期	12%	13%	14%	15%	16%

4. 整体经营结构分析

在整个 1~6 期的经营期间，我行在除第 1 期外均处于盈利状态，如表 10-8 所示。其中，第 1 期亏损额为 1 570 万元。但在 2~6 期经营中，除第 5 期净利润因市场波动有所下降，其他各期的净利润呈现稳定上升趋势，第 6 期净利润最高，达到 1 792.5 万元，六期累计净利润达到 3 472.5 万元。由于第 1 期亏损比较大，所有者权益下降幅度大，但之后随着利润的增加，所有者权益逐步上升，最终达到 9 472.5 万元。其走势如图 10-2 所示。

表 10-8　佳创银行盈利及所有者权益

单位：万元

期数	第 1 期	第 2 期	第 3 期	第 4 期	第 5 期	第 6 期
净利润	-1 570	10	670	1 730	840	1 792.5
累计净利润	-1 570	-1 560	-890	840	1 680	3 472.5
所有者权益	4 430	4 440	5 110	6 840	7 680	9 472.5

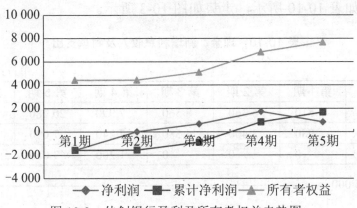

图 10-2　佳创银行盈利及所有者权益走势图

在监管指标方面，在 1~6 期的经营中，我行存贷比合理，在 60%~88% 之间变动；资本充足率符合监管规则大于 10% 的规定，第 1 期资本充足率高是由于一开始经营中业务规模小，而所有者权益高、加权风险资产低；由于经营中预算准确，选单过程中信贷风险控制合理，未出现不良贷款，不良贷款率为 0；贷款拨备率也满足规则要求，如表 10-9 所示。

表 10-9　佳创银行监管数据

期数	第 1 期	第 2 期	第 3 期	第 4 期	第 5 期	第 6 期
监管资本 / 万元	634	1 194.5	3 197	3 758.5	3 349	2 451
存贷比	88%	64%	69%	76%	60%	75%
资本充足率	70%	37%	16%	18%	23%	39%
不良贷款率	0%	0%	0%	0%	0%	0%
贷款拨备率	10%	10%	10%	10%	10%	10%

5. 现金流分析

我行注重存贷结构控制，尽可能做到存贷款在数量与期限上的匹配。合理控制存贷比，考虑到存款的增加带来的利息支出，在每期运营中尽可能做到吸存放贷，通过发放贷款增加利息收入，保持利息收入增长大于利息支出增长，为我行提供稳定的现金流和利润增长，如表 10-10 所示，走势如图 10-3 所示。

表 10-10　现金、新增利息收入及利息支出

单位：万元

期数	第 1 期	第 2 期	第 3 期	第 4 期	第 5 期	第 6 期
现金	3 510	6 360	8 560	7 990	20 280	18 000
利息收入	980	2 400	4 580	7 240	7 000	6 970
利息支出	0	0	0	1 200	3 050	3 910

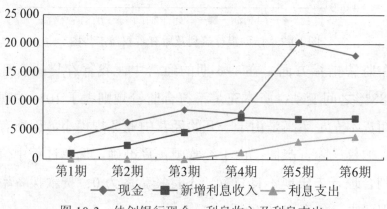

图 10-3　佳创银行现金、利息收入及利息支出

从每期现金流的变化中可以看出，我行现金头寸充足，说明我行整体的现金流动性良好。由于在第 1 期经营中经验不足，加上对市场的错误判断，致使投入过多营销费用，导致现金支出不合理；但在第 2 期经营开始，我行尽量做到科学有效"节流"，如通过合理控制营业管理费用，做到不过量投入营销费用。

6. 风险分析

我行风险数据如表 10-11 所示，从图 10-4 所示的我行 1~6 期

的风险结构图中可以看出，在整个经营过程中，信用风险占比较高，而操作风险和市场风险两者之和占总风险的 50%~60% 左右，投融资风险占比在我行的运营中占据甚少，产生的风险不高。

表 10-11　佳创银行风险数据

期数		第 1 期	第 2 期	第 3 期	第 4 期	第 5 期	第 6 期
操作风险		1 440	4 020	8 160	10 560	12 360	9 300
信用风险		2 100	5 825	15 610	16 325	15 130	11 710
市场风险		2 800	2 100	8 200	9 700	5 000	3 500
投融资风险		0	0	0	1 000	1 000	0
风险加权资产		6 340	11 945	31 970	37 585	33 490	24 510
占比	操作风险	22.7%	33.7%	25.5%	28.1%	36.9%	37.9%
	信用风险	33.1%	48.8%	48.8%	43.4%	45.2%	47.8%
	市场风险	44.2%	17.6%	25.6%	25.8%	14.9%	14.3%
	投融资风险	0%	0%	0%	2.7%	3.0%	0%

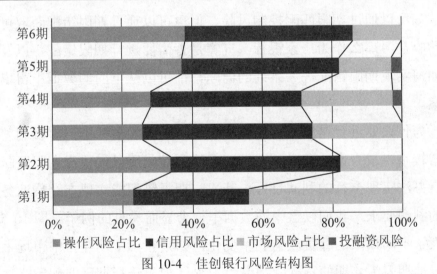

图 10-4　佳创银行风险结构图

我行经营之初由于缺乏全面预算，没有科学预算经营当期的风险增量，存在主观决策行为，导致对资本缺乏有效管理，呈现出粗放式经营。随后，我行开始重视资本预算，在每期资本预算的基础上，尝试预测当期所能承受的最大风险加权资产数量，并依此进行业务选择，实现资本对资产的约束。

在市场风险控制方面，根据经营规则，市场风险的大小与不同期限的缺口值成正比。如我行在第 2 期呈现负缺口时，在第 3 期通过增加相应期限的贷款数量、合理控制存款规模，以缩小缺口值，有效降低了第 2 期经营形成的市场风险存量。在信用风险控制方面，我行在运营过程中时刻关注贷款的信用评级、抵押担保等信息，以免产生不良资产。

7. 业务组合分析

为了实现本行的经营目标，在进行业务决策时，除了要考虑业务规模、期限、利率等因素外，还要需要考虑诸如贷款类型、存贷比、风险增量等。因此，在进行存贷款业务的抢单时，如何选择合适的存贷款单是一个非常重要的问题。

如可以通过期限匹配控制风险，但也可以通过期限错配获取可观的收益。那么作为一家银行，究竟是否需要进行期限错配，以及该如何实现期限错配等一系列的问题，都可以从下面的数据中得出答案。

为什么要进行错配？首先，在利率市场化的条件下，存贷利差通常较小，很少像沙盘实验中有可观的利差，所以仅仅靠期限匹配没有办法实现全行的利润目标。其次，期限错配能实现在存贷业务上的利润要求，我们以盘中的数据举一个显而易见的例子。图 10-5 代表了不同期限的存贷款的利率变化，如果在第 1 期经营中市场上有一笔期限为 4 期的贷款，利率为 15%，如果选择期限匹配策略，那第 1 期就要选择一笔期限 4 期的存款，利率为 6.5%，则 4 期中每期的利差固定为 8.5%；但如果选择期限错配策略，即第 1 期选择了一笔期限 2 期的存款，利率为 4.5%，第三期选择一笔期限 2 期的存款，同样利率为 4.5%，则利差是每期 10.5%。显然，两种不同的策略每期产生 2% 的利润差距。从这个例子中我们可以看到，做同一笔期限 4 期的贷款，同样的规模、同样的贷款利率，期限错配比期限匹配带来的利润多，这就回答了为什么要进行期限错配了。

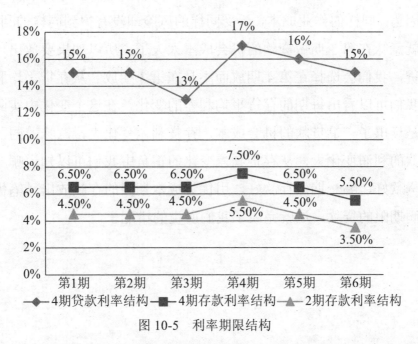

图 10-5　利率期限结构

　　在知道进行存贷业务期限错配可以增加利息收入后，就该考虑接下来的问题，我们是否该做期限错配？该如何合理进行期限错配？这就要关注平均利差及其变化，如图 10-6 所示。

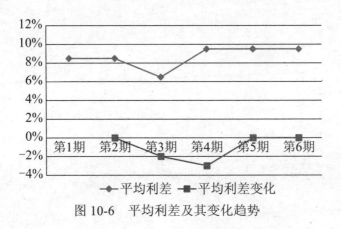

图 10-6　平均利差及其变化趋势

从利差图可以看到，在整个 1~6 期运营中，第 3 期的存贷利差最低，第 4~6 期的存贷利差较大，这说明同样一笔业务，期限、规模相同，在第 3 期做和在第 4 期做产生的收益是完全不同的。主要原因为：同样的作业成本，承受同样的风险却没有得到同样的利润，这就意味在第 3 期做贷款的机会成本太大了，所以如果要放出一笔长贷，我们会选择在第 4 期放而不是在第 3 期放。从存贷平均利差中我们可以看出每期的存贷平均利差的变化，在这个变化中实际上就是读出了一笔贷款的机会成本，存贷利差变化大，意味着同一笔贷款的利润变化大，从存贷利差变化的正负中我们可以知道哪一期做贷款好，哪一期做存款好，用优势成本期限的存款放出一笔优势利润期限的贷款，这就完成了我们所说的错配了。

附 录

附录1　中华人民共和国商业银行法

请 扫 码 阅 读

来源：中国银监会网站

附录2　《巴塞尔协议Ⅲ》全文 [①]

国际银行资本监管改革是本轮金融危机以来全球金融监管改革的重要组成部分。2010年9月12日的巴塞尔银行监管委员会央行行长和监管当局负责人会议就资本监管改革一些关键问题达成了共识。这些资本监管改革措施一旦付诸实施将对全球银行业未来的发展产生重大影响。

1. 会议的基本内容

作为巴塞尔银行监管委员会中的监管机构，央行行长和监管当局负责人集团在2010年9月12日的会议上 [②]，宣布加强对现有资本金要求的持续监管，并对在2010年7月26日达成的协议进行充

---

① 资料来源：BIS.Group of Governors and Heads of Supervision announces higher global minimum capital standards 12 September 2010[EB/OL].[2010-09.12]. http://www.bis.org/press/p100912.htm.

② 巴塞尔银行监督委员会提供了有关银行监管合作问题的定期论坛，它旨在促进和加强全球的银行业监管和风险管理。

分认可。这些银行资本改革措施和全球银行业流动性监管标准的推行，履行了全球金融改革核心议程的诺言，并且于 2010 年 11 月在韩国首尔召开的 G20 领导峰会上提交。

巴塞尔委员会一揽子改革中，普通股 (含留存收益，下同) 将从 2% 增至 4.5%。另外，银行需持有 2.5% 的资本留存超额资本以应对未来一段时期对 7% 的普通股所带来的压力。此次资本改革巩固了央行行长和监管当局负责人在 7 月份达成的关于强化资本约束和在 2011 年底前提高对市场交易、衍生产品和资产证券化的资本需要。

此次会议达成了一个从根本上加强全球资本标准的协议。这些资本要求将对长期的财政稳定和经济增长有重大的贡献。安排资本监管过渡期使银行在满足新的资本标准的同时，支持经济复苏。更强的资本定义、更高的最低资本要求和新的超额资本的结合使银行可以承受长期的经济金融压力，从而支持经济的增长。

2. 增加的资本要求

(1) 最低普通股要求

根据巴塞尔委员会此次会议达成的协议，最低普通股要求，即弥补资产损失的最终资本要求，将由现行的 2% 严格调整到 4.5%。这一调整分阶段实施到 2015 年 1 月 1 日结束。同一时期，一级资本 (包括普通股和其他建立在更严格标准之上的合格金融工具) 也要求由 4% 调整到 6%。

(2) 建立资本留存超额资本①

央行行长和监管当局负责人集团一致认为，在最低监管要求之上的资本留存超额资本将应达到 2.5%，以满足扣除资本扣减项后的普通股要求。留存超额资本的目的是确保银行维持缓冲资金以弥补在金融和经济压力时期的损失。当银行在经济金融出于压力时期，

---

① 本文将 the capital conservation buffer 译为资本留存超额资本。

资本充足率越接近监管最低要求，越要限制收益分配。这一框架将强化良好银行监管目标并且解决共同行动的问题，从而阻止银行即使是在面对资本恶化的情况下仍然自主发放奖金和分配高额红利的（非理性的）分配行为。

(3) 建立反周期超额资本[①]

反周期超额资本，比率范围在 0%~2.5% 的普通股或者是全部用来弥补损失的资本，将根据经济环境建立。反周期超额资本的建立是为了达到保护银行部门承受过度信贷增长的更广的宏观审慎目标。对任何国家来说，这种缓冲机制仅在信贷过度增长导致系统性风险累积的情况下才产生作用。反周期的缓冲一旦生效，将被作为资本留存超额资本的扩展加以推行。

(4) 运行期限规定

上述这些资本比例要求是通过在风险防范措施之上建立非风险杠杆比率。7 月，央行行长和监管机构负责人同意对平行运行期间 3% 的最低一级资本充足率进行测试。基于平行运行期测试结果，任何最终的调整都将在 2017 年上半年被执行，并通过适当的方法和计算带入 2018 年 1 月起的最低资本要求中。

(5) 其他要求

对金融系统至关重要的银行应具备超过今天所提标准的弥补资产损失的能力，并继续就金融稳定委员会和巴塞尔委员会工作小组出台的意见进行进一步讨论。巴塞尔委员会和金融稳定委员会正在研发一种对这类银行非常好的包括资本附加费、核心资金和担保金在内的综合的方法。另外，加强制度决议的工作还将继续。巴塞尔委员会最近也发表了一份咨询文件，建议确保监管资本在非正常环

---

① 本文将 A countercyclical buffer 译为反周期超额资本

境下的损失弥补能力。央行行长和监管机构负责人赞同加强非普通一级资本和二级资本工具的损失弥补能力。

3. 过渡时期安排

自危机开始，银行为提高资本水平已经采取了很多努力。但是，巴塞尔委员会的综合定量影响研究结果显示，截至 2009 年底，大型银行从总体上考虑仍需要相当大量的额外资本才能满足新的监管要求。那些对中小企业贷款尤为重要的规模较小的银行，大部分已经满足了更高的资本要求。央行行长和监管当局负责人还就执行新的资本标准做出了过渡性的安排。这将有助于确保银行通过合理的收益留存和提高资本金以满足更好资本金管理要求的同时，仍能通过信贷投放支持经济的发展。过渡时期的安排包括：

(1) 2013 年达到的最低资本要求

从 2013 年 1 月 1 日开始，在巴塞尔委员会各成员国国内执行新的资本监管要求各成员国必须在执行之前将关于资本新的要求以法律法规的形式予以确立。自 2013 年 1 月 1 日起，银行应符合以下新的相对于风险加权资产 (RWAs) 的最低资本要求：

- 3.5%，普通股 / 风险加权资产；
- 4.5%，一级资本 / 风险加权资产；
- 8.0%，总资本 / 风险加权资产。

(2) 普通股和一级资本过渡期要求

最低普通股和一级资本要求将在 2013 年 1 月至 2015 年 1 月逐步实施。到 2013 年 1 月 1 日，最低普通股要求将由 2% 提高到 3.5%，一级资本将由 4% 提高到 4.5%。到 2014 年 1 月 1 日，银行将必须达到普通股 4% 和一级资本 5.5% 的最低要求。到 2015 年 1 月 1 日，银行将必须达到普通股 4.5% 和一级资本 6% 的最低要求。总资本一直要求保持 8% 的水平，因此不需要分阶段实施。8%

的总资本要求和一级资本要求之间的区别在于二级资本和更高形式的资本。

(3) 扣减项比例过渡期安排

监管的调整(即扣减项和审慎过滤器),包括金融机构超过资本总额15%的投资、抵押服务权、所得税时间上有差异的递延资产,从2018年1月1日起,将完全从普通股中扣除。特别是,监管调整从2014年1月1日从普通股中减去扣减项的20%,到2015年1月1日的40%,到2016年1月1日的60%,2017年1月1日的80%,最后到2018年1月1日的100%。在这段过渡时期,其余未从普通股中扣除的资本将继续视同为资本。

(4) 资本留存超额资本过渡期安排

在2016年1月到2018年1月间分阶段实施,并从2019年正式生效。在2016年,计提风险加权资产的0.625%,随后每年增加0.625个百分点,直到达到2019年的风险加权资产的2.5%。经历过信贷过度增长的国家应尽快考虑建立资本留存超额资本和反周期超额资本。国家有关部门应根据实际情况酌情缩短这一过渡期。那些在过渡阶段已经满足最低比例要求,但是普通股(最低资本加上资本留存超额资本)仍低于7%的银行,应该审慎地实行收益留存政策以使资本留存超额资本达到合理的范围。

(5) 资本中需要取消的项目过渡期安排

现有的政府部门的资本注入将到2018年1月1日后被取消。从2013年1月1日起,不再作为核心资本或者附属资本的非普通权益的资本工具将在10年内逐步取消。不符合核心资本条件的资本工具将自2013年1月1日起从核心资本中扣除。然而,同时满足下面三个条件的金融工具不包括在上述扣除对象之中:一是由非关联股份公司发行;二是作为资本符合现行的会计标准;三是在现行的银行法律制度下，被承认可以作为核心资本。仅有那些在本文发表之前的金融工具符合上述过渡时期的安排。

(6) 监督检测期安排

央行行长和监管当局负责人集团于 2010 年 7 月 26 日发表了对资本充足率比例的阶段性安排。监督性监测期间开始于 2011 年 1 月 1 日，并行运行期从 2013 年 1 月 1 日一直持续到 2017 年 1 月 1 日。披露资本充足率和资本构成将于 2015 年 1 月 1 日开始。基于并行运行期的结果，任何最终调整都将在 2017 年上半年执行，并在采取适当的方法和计算的情况下，作为 2018 年 1 月 1 日正式执行时的最低资本要求。

(7) 对 LCR 和 NSFR 的时间安排

在 2011 年观察一段时间后，流动资金覆盖率 (LCR) 于 2015 年 1 月 1 日被引入。修订后的净稳定资金比率 (NSFR) 变动到 2018 年 1 月 1 日执行的最低标准。巴塞尔委员会将实施严格的报告程序，以监测在过渡时期的资本充足率比例，并会继续检验这些标准对金融市场、信贷扩张和经济增长以及解决意外事件的意义。

附录 3　商业银行资本管理办法（试行）

请　扫　码　阅　读

来源：中国银监会网站

附录4　中国银行体系简介

中国银行体系由中央银行、监管机构、自律组织和银行业金融机构组成。

1. 中央银行

中国人民银行 (The People's Bank of China，PBC)，简称中央银行，负责在国务院领导下，制定和执行货币政策，防范和化解金融风险，维护金融稳定。具体包括管政策 (货币政策)、管金钱 (人民币的发行及其流通的管理)、管市场 (银行间同业拆借市场和银行间债券市场)、管外汇 (银行间外汇市场)、管黄金 (黄金市场)、管储备 (外汇储备和黄金储备)、管国库、管清算、管反洗钱。

2. 监管机构

中国银行业监督管理委员会 (China Banking Regulatory Commission，CBRC)，简称银监会，成立于 2003 年，负责对全国银行业金融机构及其业务活动实施监管。具体包括：管审批 (银行的设立、变更、终止等)、管资格 (董事和高管的任职资格)、管规则 (制定审慎经营规则)、管监督 (非现场监管和现场检查)、管并表、管突发 (突发事件的处理)、管统计 (全国银行业的统计数据处理)、管自律 (重点是中国银行协会)、管日常 (主要是指重点银行业金融机构监事会的日常管理工作)。

3. 行业自律

中国银行协会 (China Banking Association，CBA)，成立于 2000 年，是经中国人民银行和民政部批准成立，并在民政部登记注册的全国性非营利社会团体，是中国银行业自律组织。中国银监会成立后，中国银行业协会主管单位由中国人民银行变更为中国银监会。截至 2017 年 8 月，中国银行业协会共有 643 家会员单位、35 家观察员单位、31 个专业委员会。

4.银行业金融机构

银行业金融机构主要包括政策性银行、大型商业银行、股份制商业银行、城市商业银行、农村金融机构、中国邮政储蓄银行、外资银行、民营银行等类型，具体如附表 4-1 所示，据银监会数据统计，截至 2017 年 6 月底，我国共有 4 475 家银行业金融机构，其中，政策性银行 3 家，大型商业银行 5 家，股份制商业银行 12 家，城市商业银行 134 家，农村商业银行 1 172 家，农村信用社 1 054 家，村镇银行 1 502 家，民营银行 15 家。

附表 4-1　银行业金融机构一览表

分类	名称	机构网址或主要事件
政策性银行	国家开发银行	http://www.cdb.com.cn/
	中国进出口银行	http://www.eximbank.gov.cn/
	中国农业发展银行	http://www.adbc.com.cn/
大型商业银行	中国工商银行	http://www.icbc.com.cn/icbc/
	中国农业银行	http://www.abchina.com/cn/
	中国银行	http://www.boc.cn/
	中国建设银行	http://www.ccb.com/cn/home/indexv3.html
	交通银行	http://www.bankcomm.com/BankCommSite/default.shtml
股份制商业银行	中信银行	http://www.citicbank.com/
	招商银行	http://www.cmbchina.com/
	中国光大银行	http://www.cebbank.com/
	华夏银行	http://www.hxb.com.cn/index.shtml
	浦发银行	http://www.spdb.com.cn/
	中国民生银行	http://www.cmbc.com.cn/

（续表）

分类	名称	机构网址或主要事件
股份制商业银行	平安银行	www.bank.pingan.com/index.jsp
	广发银行	http://www.cgbchina.com.cn/
	兴业银行	https://www.cib.com.cn/cn/index.html
	恒丰银行	http://www.hfbank.com.cn/
	浙商银行	http://www.czbank.com/cn/index.shtml
	渤海银行	http://www.cbhb.com.cn/bhbank/S101/index.htm
中国邮政储蓄银行	充分依托和发挥网络优势，完善城乡金融服务功能，以零售业务和中间业务为主，为城市社区和广大农村地区居民提供基础金融服务，支持新农村建设	http://www.psbc.com/cn/index.html
城市商业银行	前身是20世纪80年代设立的城市信用社，业务定位是为中小企业提供金融支持，为地方经济搭桥铺路	1979年，第一家城市商业银行在河南驻马店市成立，为小企业、工商户、居民服务；1986年，在大中城市正式推广，促进小企业发展和当地经济繁荣；1994年，成立城市合作银行；1998年，更名为城市商业银行
农村金融机构	主要包括农村信用社、农村商业银行、农村合作银行、村镇银行和农村资金互助社	2001年11月，张家港市农村商业银行成立，是全国第一家农村股份制商业银行；2003年4月，宁波鄞州农村合作银行成立，这是全国第一家农村合作银行
外资银行	主要包括东亚银行、汇丰银行、花旗银行、恒丰银行、渣打银行、恒生银行、星展银行、荷兰银行、华侨银行、德意志银行、永亨银行、南商银行、友利银行、巴黎银行、三菱东京日联银行、瑞穗银行、法国兴业银行、三井住友银行、摩根士丹利国际银行、摩根大通银行、大华银行、韩亚银行、华商银行、华一银行、协和银行、华美银行、新韩银行、大新银行、外换银行、盘谷银行、首都银行、正信银行[1]	1979年，日本输出银行在北京设立代表处，这是第一家外资银行代表处；2006年12月，中国银行业全面开放，外资独资银行可经营部分或全部外汇业务和人民币业务；经PBC审批，也可经营结汇和售汇业务；中外合资银行经营业务同前；外国银行分行可经营部分或全部外汇业务，人民币业务不能针对中国境内的公民，经PBC批准，也可经营结汇和售汇业务；外国银行代表处只能从事非经营性活动，比如联络、市场调查和咨询等

[1] 资料来源：壹佰金融. 外资银行有哪些. [EB/OL]. [2017-06-27]. https://www.pp100.com/front/wealthinfomation/newDetails_aid7298.html.

（续表）

分类	名称	机构网址或主要事件
民营银行	深圳前海微众银行、上海华瑞银行、温州民商银行、天津金城银行、浙江网商银行、重庆富民银行、四川新网银行、湖南三湘银行、福建华通银行、武汉众邦银行、山东威海蓝海银行、北京中关村银行、江苏苏宁银行、吉林亿联银行、梅州客商银行、辽宁振兴银行、安徽新安银行	2014年9月，首批5家民营银行全面批复筹建；2015年4月，深圳微众、上海华瑞、温州民商三家民营银行相继开业。数据显示，2017年6月，全国共有15家民营银行核名，1月至6月，民营银行核名总数共计68家。首批5家民营银行的营收和净利润均取得大幅增长，较2015年全部扭亏为盈[①]

5. 非银行金融机构

非银行金融机构主要包括金融资产管理公司、信托公司、企业集团财务公司、金融租赁公司、汽车金融公司、货币经纪公司等，详细表述如附表 4-2 所示。

附表 4-2　非银行金融机构说明

机构名称	主要事件
金融资产管理公司	1999成立，包括信达、长城、东方和华融资产管理公司。已完成政策性不良资产的处置任务，正在探索实行股份制改造及商业化经营
信托公司	1979年，新中国第一家信托投资公司——中国国际信托投资公司成立。2007年3月1日施行的《信托公司管理办法》规定了信托公司所应遵守的规范
企业集团财务公司	2004年7月27日修订后实施了《企业集团财务公司管理办法》，它是一种完全属于集团内部的金融机构，服务对象仅限于企业集团成员
金融租赁公司	2007年3月1日施行了《金融租赁公司管理办法》，它是以经营融资租赁业务为主的非银行金融机构
汽车金融公司	2003年10月3日起施行了《汽车金融公司管理办法》，为中国境内的汽车购买者及销售者提供贷款的非银行金融企业法人

---

① 资料来源：佚名. 今年上半年民营银行核名总数达 68 家，首批 5 家试点银行步入盈利周期 [EB/OL]. [2017-09-26].http://bank.hexun.com/2017-09-26/191004260.html .

（续表）

机构名称	主要事件
货币经纪公司	2005年9月1日起施行《货币经纪公司试点管理办法》，是在中国境内设立的，通过电子技术或其他手段，专门从事促进金融机构间资金融通和外汇交易等经纪服务，并从中收取佣金的非银行金融机构

附录5 商业银行九大业务条线一览 （新资本协议）

商业银行业务条线，如附表5-1所示。

附表5-1 商业银行九大业务条线

1级目录	2级目录	业务种类示例
公司金融	公司和机构融资 政府融资 投资银行 咨询服务	并购重组服务、包销、承销、上市服务、退市服务、证券化，研究和信息服务，债务融资，股权融资，银团贷款安排服务，公开发行新股服务、配股及定向增发服务、咨询见证、债务重组服务、财务顾问与咨询，其他公司金融服务等
交易和销售	销售 做市商交易 自营业务	交易账户人民币理财产品、外币理财产品、在银行间债券市场做市、自营贵金属买卖业务、自营衍生金融工具买卖业务、外汇买卖业务、存放同业、证券回购、资金拆借、外资金融机构客户融资、贵金属租赁业务、资产支持证券、远期利率合约、货币利率掉期、利率期权、远期汇率合约、利率掉期、掉期期权、外汇期权、远期结售汇、债券投资、现金及银行存款、中央银行往来、系统内往来、其他资金管理等
零售银行	零售业务 私人银行业务 银行卡业务	零售贷款、零售存款、个人收入证明、个人结售汇、旅行支票、其他零售服务；高端贷款、高端客户存款收费、高端客户理财、投资咨询、其他私人银行服务；信用卡、借记卡、准贷记卡、收单、其他银行卡服务

（续表）

1级目录	2级目录	业务种类示例
商业银行	商业银行业务	单位贷款、单位存款、项目融资、贴现、信贷资产买断卖断、担保、保函、承兑、委托贷款、进出口贸易融资、不动产服务、保理、租赁、单位存款证明、转贷款服务、担保/承诺类、信用证、银行信贷证明、债券投资(银行账户)、其他商业银行业务
支付和结算	客户	债券结算代理、代理外资金融机构外汇清算、代理政策性银行贷款资金结算、银证转账、代理其他商业银行办理银行汇票、代理外资金融机构人民币清算、支票、企业电子银行、商业汇票、结售汇、证券资金清算、彩票资金结算、黄金交易资金清算、期货交易资金清算、个人电子汇款，银行汇票、本票、汇兑、托收承付、托收交易、其他支付结算业务。证券投资基金托管、QFII托管、QDII托管、企业年金托管、其他各项资产托管、交易资金第三方账户托管、代保管、保管箱业务、其他相关业务
代理服务	公司代理服务 公司受托业务	代收代扣业务、代理政策性银行贷款、代理财政授权支付、对公理财业务、代客外汇买卖、代客衍生金融工具业务、代理证券业务、代理买卖贵金属业务、代理保险业务、代收税款、代发工资、代理企业年金业务、其他对公代理业务、企业年金受托人业务、其他受托代理业务
资产管理	全权委托的资金管理 非全权委托的资金管理	投资基金管理、委托资产管理、私募股权基金、其他全权委托的资金管理、投资基金管理、委托资产管理、企业年金管理、其他全权委托的资金管理
零售经纪	零售经纪业务	执行指令服务、代销基金、代理保险、个人理财、代理投资、代理储蓄国债、代理个人黄金业务、代理外汇买卖、其他零售经纪业务
其他业务	其他业务	无法归入以上八项业务条线的业务种类

附录6 商业银行风险监管核心指标（试行）

来源：中国银监会网站

附录7 2017年四季度主要监管指标数据

来源：中国银监会网站

附录8 商业银行主要监管指标情况表（法人）

来源：中国银监会网站

附录 9　商业银行主要指标分机构类情况表（法人）

请 扫 码 阅 读

来源：中国银监会网站

附录 10　信用风险权重法

1. 表内资产风险权重

表内资产风险权重表，如附表 10-1 所示。

附表 10-1　表内资产风险权重表

项目	权重
1. 现金类资产	
1.1 现金	0%
1.2 黄金	0%
1.3 存放中国人民银行款项	0%
2. 对中央政府和中央银行的债权	
2.1 对我国中央政府的债权	0%
2.2 对中国人民银行的债权	0%
2.3 对评级AA-(含AA-)以上的国家或地区的中央政府和中央银行的债权	0%
2.4 对评级AA-以下，A-(含A-)以上的国家或地区的中央政府和中央银行的债权	20%
2.5 对评级A-以下，BBB-(含BBB-)以上的国家或地区的中央政府和中央银行的债权	50%

（续表）

项目	权重
2.6 对评级BBB-以下，B-(含B-)以上的国家或地区的中央政府和中央银行的债权	100%
2.7 对评级B-以下的国家或地区的中央政府和中央银行的债权	150%
2.8 对未评级的国家或地区的中央政府和中央银行的债权	100%
3. 对我国公共部门实体的债权	20%
4. 对我国金融机构的债权	
4.1 对我国政策性银行的债权(不包括次级债权)	0%
4.2 对我国中央政府投资的金融资产管理公司的债权	
4.2.1 持有我国中央政府投资的金融资产管理公司为收购国有银行不良贷款而定向发行的债权	0%
4.2.2 对我国中央政府投资的金融资产管理公司的其他债权	100%
4.3 对我国其他商业银行的债权(不包括次级债权)	
4.3.1 原始期限3个月以内	20%
4.3.2 原始期限3个月以上	25%
4.4 对我国商业银行的次级债权(未扣除部分)	100%
4.5 对我国其他金融机构的债权	100%
5. 对在其他国家或地区注册的金融机构和公共部门实体的债权	
5.1 对评级AA-(含AA-)以上国家或地区注册的商业银行和公共部门实体的债权	25%
5.2 对评级AA-以下，A-(含A-)以上国家或地区注册的商业银行和公共部门实体的债权	50%
5.3 对评级A-以下，B-(含B-)以上国家或地区注册的商业银行和公共部门实体的债权	100%
5.4 对评级B-以下国家或地区注册的商业银行和公共部门实体的债权	150%
5.5 对未评级的国家或地区注册的商业银行和公共部门实体的债权	100%
5.6 对多边开发银行、国际清算银行及国际货币基金组织的债权	0%
5.7 对其他金融机构的债权	100%
6. 对一般企业的债权	100%
7. 对符合标准的微型和小型企业的债权	75%
8. 对个人的债权	
8.1 个人住房抵押贷款	50%

（续表）

项目	权重
8.2 对已抵押房产，在购房人没有全部归还贷款前，商业银行以再评估后的净值为抵押追加贷款的，追加的部分	150%
8.3 对个人其他债权	75%
9. 租赁资产余值	100%
10. 股权	
10.1 对金融机构的股权投资(未扣除部分)	250%
10.2 被动持有的对工商企业的股权投资	400%
10.3 因政策性原因并经国务院特别批准的对工商企业的股权投资	400%
10.4 对工商企业的其他股权投资	1 250%
11. 非自用不动产	
11.1 因行使抵押权而持有并在法律规定处分期限内的非自用不动产	100%
11.2 其他非自用不动产	1 250%
12. 其他	
12.1 依赖于银行未来盈利的净递延税资产(未扣除部分)	250%
12.2 其他表内资产	100%

2. 表外项目信用转换系数

表外项目信用转换系数表，如附表 10-2 所示。

附表 10-2　表外项目信用转换系数表

项目	信用转换系数
1. 等同于贷款的授信业务	100%
2. 贷款承诺	
2.1 原始期限不超过1年的贷款承诺	20%
2.2 原始期限1年以上的贷款承诺	50%
2.3 可随时无条件撤销的贷款承诺	0%
3. 未使用的信用卡授信额度	
3.1 一般未使用额度	50%
3.2 符合标准的未使用额度	20%
4. 票据发行便利	50%
5. 循环认购便利	50%

（续表）

项目	信用转换系数
6. 银行借出的证券或用作抵押物的证券	100%
7. 与贸易直接相关的短期或有项目	20%
8. 与交易直接相关的或有项目	50%
9. 信用风险仍在银行的资产销售与购买协议	100%
10. 远期资产购买、远期定期存款、部分交款的股票及证券	100%
11. 其他表外项目	100%

① 等同于贷款的授信业务，包括一般负债担保、承兑汇票、具有承兑性质的背书及融资性保函等。

② 与贸易直接相关的短期或有项目，主要指有优先索偿权的装运货物做抵押的跟单信用证。

③ 与交易直接相关的或有项目，包括投标保函、履约保函、预付保函、预留金保函等。

④ 信用风险仍在银行的资产销售与购买协议，包括资产回购协议和有追索权的资产销售。

3. 证券、商品、外汇交易清算过程中形成的风险暴露

(1) 货款对付模式下的信用风险加权资产计算

① 货款对付模式指在结算日，证券和资金、资金和资金进行实时同步、最终一致、不可撤销的交收。

② 货款对付模式下信用风险加权资产为：

$$RWA = E \times R \times 12.5$$

其中，RWA 为货款对付模式下信用风险加权资产；E 为货款对付模式下，因合约结算价格与当期市场价格差异而产生的风险暴露；R 为与延迟交易时间相关的资本计提比例，具体如附表 10-3 所示。

附表 10-3   货款对付模式下交易对手信用风险资本计提比例

自合约结算日起延迟交易的交易日数	资本计提比例
4(含)个交易日以内	0%
5~15(含)个交易日之间	8%
16~30(含)个交易日之间	50%
31~45(含)个交易日之间	75%
46(含)个交易日以上	100%

(2) 非货款对付模式下信用风险加权资产计算

非货款对付模式下，因商业银行已执行支付，而交易对手未在约定日期支付而产生的风险暴露：自商业银行执行支付之日起，交易对手未支付部分视同对该交易对手的债权进行处理；自交易对手应履行支付义务之日起，5 个交易日后，交易对手仍未支付部分的风险权重为 1 250%。

4. 合格信用风险缓释工具

合格信用风险缓释工具的种类，如附表 10-4 所示。

附表 10-4   合格信用风险缓释工具的种类表

信用风险缓释工具	种类
质物	1. 以特户、封金或保证金等形式特定化后的现金 2. 黄金 3. 银行存单 4. 我国财政部发行的国债 5. 中国人民银行发行的票据 6. 我国政策性银行、公共部门实体、商业银行发行的债券、票据和承兑的汇票 7. 金融资产管理公司为收购国有银行而定向发行的债券 8. 评级为BBB-(含BBB-)以上国家或地区政府和中央银行发行的债券 9. 注册地所在国家或地区的评级在A-(含A-)以上的境外商业银行和公共部门实体发行的债券、票据和承兑的汇票 10. 多边开发银行、国际清算银行和国际货币基金组织发行的债券

（续表）

信用风险 缓释工具	种类
保证	1. 我国中央政府、中国人民银行、政策性银行、公共部门实体和商业银行 2. 评级为BBB-(含BBB-)以上国家或地区政府和中央银行 3. 注册地所在国家或地区的评级在A-(含A-)以上的境外商业银行和公共部门实体 4. 多边开发银行、国际清算银行和国际货币基金组织

附录11 信用风险内部评级法风险加权资产计量规则

商业银行采用内部评级法的，应当按照以下规则计量主权、金融机构、公司和零售风险暴露的信用风险加权资产。股权风险暴露的信用风险加权资产采用权重法计量。

1. 未违约风险暴露的风险加权资产的计量

(1) 计算信用风险暴露的相关性 (R)

① 主权、一般公司风险暴露

$$R = 0.12 \times \frac{1 - \dfrac{1}{e^{(50 \times PD)}}}{1 - \dfrac{1}{e^{50}}} + 0.24 \times \left[1 - \frac{1 - \dfrac{1}{e^{(50 \times PD)}}}{1 - \dfrac{1}{e^{50}}} \right]$$

② 金融机构风险暴露

$$R_{FI} = 1.25 \times \left\{ 0.12 \times \frac{1 - \dfrac{1}{e^{(50 \times PD)}}}{1 - \dfrac{1}{e^{50}}} + 0.24 \times \left[1 - \frac{1 - \dfrac{1}{e^{(50 \times PD)}}}{1 - \dfrac{1}{e^{50}}} \right] \right\}$$

③ 中小企业风险暴露

$$R_{\mathrm{SME}} = 0.12 \times \left[\dfrac{1 - \dfrac{1}{e^{(50 \times \mathrm{PD})}}}{1 - \dfrac{1}{e^{50}}}\right] + 0.24 \times \left[1 - \dfrac{1 - \dfrac{1}{e^{(50 \times \mathrm{PD})}}}{1 - \dfrac{1}{e^{50}}}\right] - 0.04 \times \left(1 - \dfrac{S - 3}{27}\right)$$

S 为中小企业在报告期的年营业收入 (单位为千万元人民币)，低于 3 000 万元人民币的按照 3 000 万元人民币来处理。

④ 零售风险暴露

个人住房抵押贷款：$R_{r1} = 0.15$

合格循环零售贷款：$R_{r2} = 0.04$

其他零售贷款：

$$R_{r3} = 0.03 \times \dfrac{1 - \dfrac{1}{e^{(35 \times \mathrm{PD})}}}{1 - \dfrac{1}{e^{35}}} + 0.16 \times \left[1 - \dfrac{1 - \dfrac{1}{e^{(35 \times \mathrm{PD})}}}{1 - \dfrac{1}{e^{35}}}\right]$$

(2) 计算期限调整因子 (b)

$$b = \left[0.118\,52 - 0.054\,78 \times \ln(\mathrm{PD})\right]^2$$

(3) 计算信用风险暴露的资本要求 (K)

① 非零售风险暴露

$$K = \left[\mathrm{LGD} \times N\left(\sqrt{\dfrac{1}{1-R}} \times G(\mathrm{PD}) + \sqrt{\dfrac{R}{1-R}} \times G(0.999)\right) - \mathrm{PD} \times \mathrm{LGD}\right] \times$$

$$\left\{\dfrac{1}{1 - 1.5 \times b} \times \left[1 + (M - 2.5) \times b\right]\right\}$$

② 零售风险暴露

$$K = \mathrm{LGD} \times N\left[\sqrt{\dfrac{1}{1-R}} \times G(\mathrm{PD}) + \sqrt{\dfrac{R}{1-R}} \times G(0.999)\right] - \mathrm{PD} \times \mathrm{LGD}$$

(4) 计算信用风险暴露的风险加权资产 (RWA)

$$RWA = K \times 12.5 \times EAD$$

2. 已违约风险暴露的风险加权资产的计量

$$K = Max[0,(LGD - BEEL)]$$

$$RWA = K \times 12.5 \times EAD$$

此处，BEEL 是指考虑经济环境、法律地位等条件下对已违约风险暴露的预期损失率的最大估计值。

附录 12 市场风险标准法计量规则

1. 利率风险

利率风险包括交易账户中的债券 (固定利率和浮动利率债券、央行票据、可转让存单、不可转换优先股及按照债券交易规则进行交易的可转换债券)、利率及债券衍生工具头寸的风险。利率风险的资本要求包括特定市场风险和一般市场风险的资本要求两部分。

(1) 特定市场风险

特定市场风险计提比率对应表，如附表 12-1 所示。

附表 12-1　特定市场风险计提比率对应表

类别	发行主体外部评级	特定市场风险资本计提比率
政府证券	AA- 以上 (含 AA-)	0%
	A+ 至 BBB- (含 BBB-)	0.25% (剩余期限不超过 6 个月)
		1.00% (剩余期限为 6~24 个月)
		1.60% (剩余期限为 24 个月以上)
	BB+ 至 B-(含 B-)	8.00%
	B- 以下	12.00%
	未评级	8.00%

（续表）

类别	发行主体外部评级	特定市场风险资本计提比率
合格证券	BB+ 以上 (不含 BB+)	0.25% (剩余期限不超过 6 个月)
		1.00% (剩余期限为 6~24 个月)
		1.60% (剩余期限为 24 个月以上)
其他	外部评级为 BB+ 以下 (含) 的证券以及未评级证券的资本计提比率为证券主体所适用的信用风险权重除以 12.5，风险权重见附录 10	

① 政府证券包含各国中央政府和中央银行发行的各类债券和短期融资工具。

我国中央政府、中国人民银行及政策性银行发行的债券的资本计提比率均为 0%。

② 合格证券包括：

• 多边开发银行、国际清算银行和国际货币基金组织发行的债券。

• 我国公共部门实体和商业银行发行的债券。

• 被至少两家合格外部评级机构评为投资级别 (BB+ 以上) 的发行主体发行的债券。

③ 对于其他发行主体发行的债券，其资本计提比率为证券发行主体所对应的信用风险权重除以 12.5，具体风险权重根据附录 10 确定。

资产证券化风险暴露的风险权重根据《商业银行资本管理办法 (试行)》附件 9 确定。

(2) 一般市场风险

① 一般市场风险的资本要求包含以下三部分：

• 每时段内加权多头和空头头寸可相互对冲的部分所对应的垂直资本要求。

• 不同时段间加权多头和空头头寸可相互对冲的部分所对应

的横向资本要求。

- 整个交易账户的加权净多头或净空头头寸所对应的资本要求。

② 商业银行可以采用到期日法或久期法计算利率风险的一般市场风险资本要求。

③ 商业银行采用到期日法计算一般市场风险资本要求，应先对各头寸划分时区和时段，时段的划分和匹配的风险权重如附表12-2所示，时区的划分和匹配的风险权重，如附表12-3所示。到期日法具体计算步骤如下：

- 各时段的头寸乘以相应的风险权重计算各时段的加权头寸。
- 各时段的加权多头、空头头寸可相互对冲的部分乘以10%得出垂直资本要求。
- 各时段的加权多头头寸和加权空头头寸进行抵消得出各个时段的加权头寸净额；将在各时区内各时段的加权头寸净额之间的可相互对冲的部分乘以附表12-3所列的同一区内的权重得出各个时区内的横向资本要求。
- 各时区内各时段的加权头寸净额进行抵消，得出各时区加权头寸净额；每两个时区加权头寸净额之间可相互对冲的部分乘以附表12-3所列的相邻区内以及1区和3区之间的权重得出时区间的横向资本要求。
- 各时区加权头寸净额进行抵消，得出整个交易账户的加权净多头或净空头头寸所对应的资本要求。

附表 12-2　时段和权重

票面利率不小于3%	票面利率小于3%	风险权重	假定收益率变化
不长于1个月	不长于1个月	0.00%	1.00
1~3个月	1~3个月	0.20%	1.00

（续表）

票面利率不小于3%	票面利率小于3%	风险权重	假定收益率变化
3~6 个月	3~6 个月	0.40%	1.00
6~12 个月	6~12 个月	0.70%	1.00
1~2 年	1.0~1.9 年	1.25%	0.90
2~3 年	1.9~2.8 年	1.75%	0.80
3~4 年	2.8~3.6 年	2.25%	0.75
4~5 年	3.6~4.3 年	2.75%	0.75
5~7 年	4.3~5.7 年	3.25%	0.70
7~10 年	5.7~7.3 年	3.75%	0.65
10~15 年	7.3~9.3 年	4.50%	0.60
15~20 年	9.3~10.6 年	5.25%	0.60
20 年以上	10.6~12 年	6.00%	0.60
	12~20 年	8.00%	0.60
	20 年以上	12.50%	0.60

附表 12-3　时区和权重

时 区	时　　段	同一区内	相邻区之间	1 区和 3 区之间
1 区	0~1 个月	40%		
	1~3 个月			
	3~6 个月			
	6~12 个月			
2 区	1~2 年	30%	40%	100%
	2~3 年			
	3~4 年			
3 区	4~5 年	30%		
	5~7 年			
	7~10 年			
	10~15 年			
	15~20 年			
	20 年以上			

④ 经银监会核准，商业银行可以使用久期法计量一般市场风险资本要求。当选择使用久期法后，应持续使用该方法，如变更方法需经银监会批准。久期法具体计算步骤如下：

- 在附表 12-2 中找出每笔头寸期限对应的收益率变化，逐笔计算该收益率变化下的价格敏感性。
- 将价格敏感性对应到附表 12-4 的 15 级久期时段中。
- 每个时段中的多头和空头头寸分别计提 5% 的垂直资本要求，以覆盖基差风险。
- 按照到期日法的要求，计算横向资本要求。
- 按照到期日法的规定，将各区加权头寸净额进行抵销，得出整个交易账户的加权净多头或净空头所对应的资本要求。

附表 12-4　久期法计算表

	假定收益率变化		假定收益率变化
1 区		3 区	
0~1 月	1.00	3.6~4.3 年	0.75
1~3 月	1.00	4.3~5.7 年	0.70
3~6 月	1.00	5.7~7.3 年	0.65
6~12 月	1.00	7.3~9.3 年	0.60
		9.3~10.6 年	0.60
2 区		10.6~12 年	0.60
1~1.9 年	0.90	12~20 年	0.60
1.9~2.8 年	0.80	20 年以上	0.60
2.8~3.6 年	0.75		

(3) 利率及债券衍生工具

① 利率衍生工具包括受利率变化影响的衍生金融工具，如利率期货、远期利率协议、利率互换及交叉货币互换合约、利率期权及远期外汇头寸。

债券衍生工具包括债券的远期、期货和债券期权。

② 衍生工具应转换为基础工具，并按基础工具的特定市场风险和一般市场风险的方法计算资本要求。利率和货币互换、远期利率协议、远期外汇合约、利率期货及利率指数期货不必计算特定市场风险的资本要求；如果期货合约的基础工具是债券或代表债券组合的指数，则应根据发行主体的信用风险计算特定市场风险资本要求。

2. 股票风险

股票风险是指交易账户中股票及股票衍生金融工具头寸的风险。其中股票是指按照股票交易规则进行交易的所有金融工具，包括普通股 (不考虑是否具有投票权)、可转换债券和买卖股票的承诺。

(1) 特定市场风险和一般市场风险

特定市场风险的资本要求等于各不同市场中各类股票多头头寸绝对值及空头头寸绝对值之和乘以 8% 后所得各项数值之和。一般市场风险对应的资本要求，等于各不同市场中各类多头及空头头寸抵销后股票净头寸的绝对值乘以 8% 后所得各项数值之和。

(2) 股票衍生工具

股票衍生工具包括股票和股票指数的远期、期货及互换合约。

衍生工具应转换为基础工具，并按基础工具的特定市场风险和一般市场风险的方法计算资本要求。

3. 外汇风险

外汇风险是指外汇 (包括黄金) 及外汇衍生金融工具头寸的风险。

(1) 结构性外汇风险暴露

结构性外汇风险暴露是指结构性资产或负债形成的非交易性的

外汇风险暴露。结构性资产或负债指经营上难以避免的策略性外币资产或负债，包括：

① 经扣除折旧后的固定资产和物业。

② 与记账本位币所属货币不同的资本(营运资金)和法定储备。

③ 对海外附属公司和关联公司的投资。

④ 为维持资本充足率稳定而持有的头寸。

(2) 外汇风险的资本要求

外汇风险的资本要求等于净风险暴露头寸总额乘以 8%。

净风险暴露头寸总额等于以下两项之和：

① 外币资产组合(不包括黄金)的净多头头寸之和(净头寸为多头的所有币种的净头寸之和)与净空头头寸之和(净头寸为空头的所有币种的净头寸之和的绝对值)中的较大者。

② 黄金的净头寸。

(3) 外汇衍生工具

外汇衍生工具应转换为基础工具，并按基础工具的方法计算市场风险资本要求。

4. 商品风险

适用于商品、商品远期、商品期货、商品互换。此处的商品是指可以在二级市场买卖的实物产品，如贵金属(不包括黄金)、农产品和矿物(包括石油)等。

(1) 商品风险对应的资本要求等于以下两项之和：

① 各项商品净头寸的绝对值之和乘以 15%。

② 各项商品总头寸(多头头寸加上空头头寸的绝对值)之和乘以 3%。

(2) 商品衍生工具应转换为名义商品，并按上述方法计算资本要求。

5. 期权风险

(1) 简易计算方法

仅购买期权的商业银行可以使用简易的计算方法。

① 银行如持有现货多头和看跌期权多头，或持有现货空头和看涨期权多头，资本要求等于期权合约对应的基础工具的市场价值乘以特定市场风险和一般市场风险资本要求比率之和，再减去期权溢价。资本要求最低为零。

② 银行如持有看涨期权多头或看跌期权多头，资本要求等于基础工具的市场价值乘以该基础工具的特定市场风险和一般市场风险资本要求比率之和与期权的市场价值两者中的较小者。

(2) "得尔塔＋"方法

同时卖出期权的商业银行应使用"得尔塔＋"(Delta-plus) 方法。

"得尔塔＋"方法计算的资本要求由以下三部分组成：

① 期权基础工具的市值乘以该期权的得尔塔值得到得尔塔加权期权头寸，然后将得尔塔加权头寸加入到基础工具的头寸中计算资本要求。

② 伽马 (Gamma) 风险的资本要求。

$$伽马效应值 = 0.5 \times Gamma \times (VU)2$$

VU 为期权基础工具的变动。

其中，对于利率期权，当基础工具为债券时，VU ＝基础工具市值 × 附表 12-2 中相应时段的风险权重。当基础工具为利率时，VU＝基础工具市值 × 附表 12-2 中相应时段的假定收益率变化。当基础工具为股票、股指、外汇与黄金时，VU＝基础工具市值 ×8%。当基础工具为商品时，VU＝基础工具市值 ×15%。

同一基础工具每项期权对应的伽马效应值相加得出每一基础工

具的净伽马效应值。仅当基础工具的净伽马效应值为负值时，才须计算相应的资本要求，且资本要求总额等于这些净伽马效应值之和的绝对值。

③ 维加 (vega) 风险的资本要求。

$$基础工具维加风险的资本要求 = 25\% \times 该基础工具波动率 \times$$
$$| 该基础工具的各项期权的维加值之和 |$$

维加风险的资本要求总额，等于各项基础工具维加风险的资本要求之和。

6. 承销

商业银行采取包销方式承销债券等工具时，应使用下述方法计提相应的市场风险资本。

(1) 商业银行按以下方式确定需计提市场风险资本的承销业务风险暴露额。

$$承销业务风险暴露额 = 每日日终承销余额 \times 转换系数$$

(2) 自确定承销债券的金额和价格之日起，转换系数为 50%。自缴款日起，将转换系数调为 100%，直至债券全部出售。

(3) 每日计算得出的需计提市场风险资本要求承销业务风险暴露作为交易账户头寸，根据所承销债券的类型和发行主体，计算相应的市场风险资本要求，包括一般市场风险和特定市场风险。

7. 交易账户信用衍生产品

商业银行应将交易账户信用衍生产品转换为相关信用参考实体的本金头寸，并使用其当前市值计算利率风险的市场风险资本要求，如附表 12-5 所示。

附表 12-5　交易账户信用衍生产品转换规则

		多头 / 信用保护卖方	空头 / 信用保护买方
信用违约互换	一般市场风险	如有任何费用或利息的支付，则视为持有无特定市场风险债券多头	如有任何费用或利息的支付，则视为卖出无特定市场风险债券空头
	特定市场风险	视为持有信用参考实体多头，如为合格证券的情况，则视为持有互换风险暴露	视为持有信用参考实体空头，如为合格证券的情况，则视为卖出互换空头
总收益互换	一般市场风险	如有任何费用或利息的支付，则视为持有信用参考实体多头，及卖出无特定市场风险债券空头	如有任何费用或利息的支付，则视为卖出信用参考实体，及持有无特定市场风险债券多头
	特定市场风险	视为持有信用参考实体多头	视为卖出信用参考实体空头
信用联系票据	一般市场风险	视为持有票据发行方多头	视为卖出票据发行方空头
	特定市场风险	视为持有票据发行方以及信用参考实体多头，如为合格证券的情况，则视为持有票据发行方多头	视为卖出信用参考实体空头，如为合格证券的情况，则视为卖出票据发行方空头
首次违约信用互换	一般市场风险	如有任何费用或利息的支付，则视为持有无特定市场风险债券多头	如有任何费用或利息的支付，则视为卖出无特定市场风险债券空头
	特定市场风险	视为持有所有参考实体多头，特定市场风险资本要求以可能的最大支出作为上限，如为合格证券的情况，则视为持有信用衍生品多头	视为卖出特定市场风险资本要求最高的参考实体空头(针对风险暴露)，或视为卖出特定市场风险资本要求最低的信用参考实体空头(针对对冲头寸)
第二次违约信用互换	一般市场风险	如有任何费用或利息的支付，则视为持有无特定市场风险债券多头	如有任何费用或利息的支付，则视为卖出无特定市场风险债券空头
	特定市场风险	视为持有所有参考实体多头，但不包括特定市场风险资本要求最低的信用参考实体多头，特定市场风险资本要求以可能的最大支出作为上限，如为合格证券的情况，则视为持有信用衍生品多头	视为卖出特定市场风险资本要求最高的参考实体空头(针对风险暴露)，当存在首次违约保护的情况下，视为卖出第二个特定市场风险资本要求最低的信用参考实体空头，或当特定市场风险资本要求最低的信用参考实体已发生违约的情况下，视为卖出信用参考实体空头(针对对冲头寸)

附录 13　市场风险内部模型法监管要求

1. 内部模型法应涵盖的风险因素

(1) 利率风险

① 商业银行的内部模型应涵盖每一种计价货币的利率所对应的一系列风险因素。

② 商业银行应使用业内普遍接受的方法构建内部模型使用的收益率曲线。该收益率曲线应划分为不同的到期时间，以反映收益率的波动性沿到期时间的变化；每个到期时间都应对应一个风险因素。

③ 对于风险暴露较大的主要货币和主要市场的利率变化，商业银行应使用至少 6 个风险因素构建收益率曲线。风险因素的数量应最终由商业银行交易策略的复杂程度决定。

④ 风险因素应能反映主要的利差风险。

(2) 股票风险

① 商业银行的内部模型应包含与商业银行所持有的每个较大股票头寸所属交易市场相对应的风险因素。

② 对每个股票市场，内部模型中至少应包含一个用于反映股价变动的综合市场风险因素(如股指)。投资于个股或行业股指的头寸可表述为与该综合市场风险因素相对应的"贝塔(beta)等值"。

③ 银监会鼓励商业银行在内部模型中使用市场的不同行业所对应的风险因素，如制造业、周期性及非周期性行业等；最审慎的做法是对每只股票的波动性都设立风险因素。

④ 对于一个给定的市场，建模技术的特点及复杂程度应与商

业银行对该市场的风险暴露以及个股的集中度相匹配。

(3) 汇率风险

内部模型中应包含与商业银行所持有的每一种风险暴露较大的外币（包括黄金）与本币汇率相对应的风险因素。

(4) 商品风险

① 内部模型应包含与商业银行所持有的每个较大商品头寸所属交易市场相对应的风险因素。

② 对于以商品为基础的金融工具头寸相对有限的商业银行，可以采用简化的风险因素界定方法。即对有风险暴露的每种商品的价格都确定一个对应的风险因素。如商业银行持有的总商品头寸较小，也可采用一个风险因素作为一系列相关商品的风险因素。

③ 对于交易比较活跃的商品，内部模型应考虑衍生品头寸（如远期、掉期）和实物商品之间"便利收益率"的不同。

(5) 其他

① 内部模型应包含能有效反映与上述四大类别市场风险相关的期权性风险、基差风险和相关性风险等风险因素。

② 原则上，商业银行所使用的定价和估值模型中的风险因素都应包含在内部模型中。如未包含，则应说明其合理性。

2. 内部模型法的最低定性要求

商业银行使用内部模型法应满足银监会关于市场风险管理的一般要求和本办法的具体要求，并符合如下定性要求。

(1) 资本计量应与其日常市场风险管理活动紧密结合，包括：

① 资本计量应基于日常市场风险管理的内部模型，而非针对市场风险资本要求计算特别改进过的模型。

② 模型应完全融入商业银行的日常市场风险管理过程，并作为提交高级管理层的风险报告的基础。模型结果应作为市场风险管

理的必要组成部分。

③ 风险计量系统应与交易限额结合使用。交易限额与模型的联系应该保持一致，并被高级管理层所理解。

(2) 由独立的风险管理部门提供的市场风险每日报告应由一定层级的管理人员审阅，且该管理人员应有足够授权强制减少单个交易员的头寸和整个银行的风险暴露。

(3) 商业银行应建立独立于业务部门并直接向高级管理层报告的市场风险管理部门。该风险管理部门应负责设计和实施商业银行的风险管理体系，每日编制并分析基于风险计量模型输出结果的报告。

(4) 商业银行应拥有足够的能在交易、风险控制、审计和后台工作中使用复杂模型的员工。

(5) 商业银行应按照本办法的相关要求定期进行压力测试。

(6) 商业银行应建立足够支持其内部模型运行的信息系统。

(7) 商业银行所使用的内部模型应足够文档化，相关的文档应具备足够的细节。

3. 内部模型法的最低定量要求

(1) 商业银行可使用任何能够反映其所有主要风险的模型方法计算市场风险资本要求，包括但不限于方差—协方差法、历史模拟法和蒙特卡罗模拟法等。

(2) 商业银行如采用内部模型法，其最低市场风险资本要求为一般风险价值及压力风险价值之和，一般风险价值和压力风险价值的计算应符合本办法的最低定量标准。

(3) 商业银行应在每个交易日计算一般风险价值，使用单尾、99%的置信区间。

(4) 计算一般风险价值时，商业银行使用的持有期应为10个交易日。商业银行可使用更短的持有期并将结果转换为10天的持有期(如使用时间平方根法),但应定期向银监会证明此种方法的合理性。

(5)计算一般风险价值采用的观察期应符合下列要求:

① 观察期长度应至少为1年(或250个交易日)。

② 使用加权法或其他类似方法处理历史数据,有效观察期至少为1年,即当使用加权法时,历史数据点的加权平均时间不得少于6个月。

③ 商业银行可使用不完全满足上述第②项要求的其他加权法处理历史数据,但应确保计算得出的资本要求不低于按上述第②项计算的结果。

(6)在计算一般风险价值的基础上,商业银行还应对其现有的资产组合计算压力风险价值,压力风险价值应覆盖商业银行所有的主要市场风险。

(7)压力风险价值的计算要求包括:

① 应至少每周计算压力风险价值。

② 选用给商业银行造成重大损失的连续的12个月期间作为显著金融压力的情景,并使用经该期间历史数据校准后的数据作为计算基础。

③ 选用的连续12个月的压力期间是指包括极端金融压力事件的连续期间,若极端压力事件的持续期间少于12个月,银行应使用适当方法将期间扩展至12个月。

④ 选用的连续12个月的压力期间应与商业银行自身的资产组合相关。

⑤ 商业银行选取压力期间的方法须经银监会认可。商业银行应将按认可方法确定的压力期间报备银监会,并须定期对其进行审核。

(8)商业银行应确保用于内部模型的数据的可靠性。在无法取得可靠数据时，可使用替代数据或其他合理的风险价值计量技术。商业银行应能够证明使用技术的合理性，并且不会实质性地低估风险。

(9) 商业银行应至少每月更新一次数据集。如市场风险因素的变动使商业银行需更频繁地更新才能确保风险价值模型数据的审慎性，则应提高更新频率。数据集更新流程应足够灵活以适应提高更新频率的要求。

4. 内部模型法计量特定市场风险资本的要求

(1) 商业银行可以采用内部模型法计量利率风险和股票风险的特定市场风险资本要求。

(2) 除符合本附录关于内部模型法最低定性和定量要求外，采用内部模型法计量特定市场风险资本要求时，内部模型应包含能反映所有引起价格风险的重要因素，并且可对市场状况和交易组合变化做出反应，并符合以下要求；否则，商业银行应使用标准法计量特定市场风险资本要求。

① 可解释交易组合的历史价格变化。

② 可反映集中度风险。

③ 在不利的市场环境中保持稳健。

④ 可反映与基础工具相关的基差风险。

⑤ 可反映事件风险。

⑥ 已通过返回检验验证。

内部模型应保守地估计由流动性较差或价格透明度有限的头寸带来的风险。

5. 内部模型法计量新增风险资本的要求

(1) 商业银行如采用内部模型法计量特定市场风险资本要求，应同时使用内部模型计量新增风险资本要求。商业银行使用的内部模型未能覆盖新增风险的，则应采用标准法计算特定市场风险资本要求。

新增风险是指未被风险价值模型计量的与利率类及股票类产品相关的违约和评级迁移风险。

商业银行采用内部模型法计算新增风险,应覆盖利率类新增风险;经银监会认可,可覆盖股票类新增风险。

(2) 新增风险资本计算的持有期为 1 年,置信区间为 99.9%。

(3) 新增风险的资本要求为以下两项中的较大值:

① 过去 12 周的新增风险均值。

② 最近一次计算得到的新增风险价值。

商业银行应至少每周计算一次新增风险的资本要求。商业银行计量新增风险的模型应满足在 1 年持有期内恒定风险水平的假设条件,并根据集中度、风险对冲策略和期权特征加以调整;同时也应反映可能影响多个证券发行人的市场性事件。

(4) 商业银行的新增风险模型应充分考虑产品或组合的流动性期限。流动性期限是指在压力市场条件下,以不影响市场价格为前提,平仓或完全对冲新增风险所需的期限。

① 流动性期限可以按照头寸或者组合为单位进行估计;如果以组合为单位估计流动性期限,应对组合的划分方法予以清晰定义,以合理反映不同组合的流动性期限差异。

② 对非投资级产品、二级市场流动性不足的产品和从未大幅下跌过的产品的流动性期限应予以审慎估计。

③ 流动性期限不得低于 3 个月。商业银行的新增风险模型应充分考虑违约和评级迁移事件的相关性,但不得考虑新增风险与其他市场风险因素的对冲或分散化效应。

(5) 轧差计算仅适用于同一产品的多空头寸;产品的基差风险、优先级结构、评级、期限和轧差误差都须予以合理计量。

(6) 商业银行的新增风险模型在满足以下条件时可以考虑动态

对冲策略的对冲效果，而不将其作为对冲误差处理：

① 动态对冲策略一致地应用于交易账户的所有相关头寸。

② 证明采用动态对冲策略是一种较好的风险管理方法。

③ 证明对冲工具有足够的流动性以保证即便在压力市场条件下仍然能够采取动态对冲策略管理风险。

6. 返回检验要求

(1) 商业银行应比较每日的损益数据与内部模型产生的风险价值数据，进行返回检验，依据最近一年内突破次数确定市场风险资本计算的附加因子，并按季度将返回检验结果及附加因子调整情况报告银监会。银监会对商业银行返回检验结果和附加因子调整情况进行监督。

(2) 符合以下情况的，商业银行可向银监会申请不根据实际突破次数调整附加因子：

① 商业银行如能合理说明其使用的模型基本稳健，以及突破事件只属暂时性质，则银监会可以决定不将该突破事件计入突破次数。

② 当金融市场发生实质性的制度转变时，市场数据的波动与相关系数的重大变化可能引发短时间内的大量突破事件。在这种情况下，银监会可要求商业银行尽快把制度转变的因素纳入其内部模型，这一过程中可暂不调高附加因子。

(3) 内部模型的返回检验应至少满足以下要求：

① 商业银行应每日计算基于 T-1 日头寸的风险价值与 T 日的损益数据并进行比较，如损失超过风险价值则称为发生一次突破。

② 上述风险价值的持有期为 1 天，置信区间、计算方法以及使用的历史数据期限等参数应与使用内部模型法计提市场风险资本要求时所用参数保持一致。

③ 突破的统计方法采用简单突破法，即每季度末统计过去 250 个交易日的返回检验结果中总计发生的突破次数。

④ 商业银行向银监会申请实施内部模型法时，应建立返回检验流程，并积累至少一年的返回检验结果数据。

(4) 使用内部模型法计量特定市场风险资本要求的，商业银行应对相关的利率和股票类子组合进行返回检验。

(5) 商业银行应建立返回检验的文档管理和报告制度。

① 商业银行应对返回检验过程及结果建立完整的书面文档记录，以供内部管理、外部审计和银监会查阅使用。

② 返回检验突破事件发生后，应及时书面报告商业银行负责市场风险管理的高级管理层成员。

③ 商业银行正式实施市场风险内部模型法后，应每季度将过去 250 个交易日的返回检验结果报告提交银监会。

(6) 按照过去 250 个交易日的返回检验突破次数，其结果可分为绿区、黄区和红区三个区域。

① 绿区，包括 0~4 次突破事件。绿区代表返回检验结果并未显示商业银行的内部模型存在问题。

② 黄区，包括 5~9 次突破事件。黄区代表返回检验结果显示商业银行的内部模型可能存在问题，但有关结论尚不确定，因此，模型是准确或不准确均有可能。通常情况下，随着出现突破事件次数由 5 次增加至 9 次，模型不准确的可能性会逐步增大。

③ 红区，包括 10 次或以上突破事件。红区代表返回检验结果显示商业银行的内部模型存在问题的可能性极大。

(7) 市场风险返回检验突破次数、分区及资本附加因子的对应关系，如附表 13-1 所示。

附表 13-1　突破次数与附加因子关系表

分区	过去 250 个交易日的返回检验突破次数	资本附加因子
绿区	少于 5 次	0.00
黄区	5 次	0.40
	6 次	0.50
	7 次	0.65
	8 次	0.75
	9 次	0.85
红区	10 次或以上	1.00

7. 模型验证要求

商业银行采用内部模型法计算市场风险监管资本要求，应按本办法的规定对市场风险内部模型及支持体系进行验证，确保模型理论正确、假设合理、数据完整、模型运行情况良好、计算准确、使用分析恰当。

8. 压力测试要求

(1) 商业银行使用内部模型法计量市场风险资本要求，应按本办法要求进行相应的压力测试。

商业银行压力测试所用的压力情景应涵盖可能使其交易组合产生重大损失、对其交易组合造成重大不利影响，或会引致风险事前或事后管理相当困难的各种潜在风险因素。这些风险因素应包括各种主要风险类别中的低概率事件，并反映事件对具有线性和非线性价格特征的头寸的影响。

(2) 商业银行应具备按日进行压力测试的能力。同时，应定期评估压力情景下的风险状况，尤其应对压力测试所揭示的主要风险点和脆弱环节予以特别关注，若压力测试显示商业银行受某种特定情景的负面影响显著，应通过降低风险暴露或分配更多资本等方式进行管理。

(3) 商业银行应制定市场风险压力测试方案。

压力测试方案应重点关注如下方面：集中度风险、压力市场条件下的市场流动性不足、单一走势市场、事件风险、非线性产品及内部模型可能无法适当反映的其他风险。

压力测试方案应得到商业银行董事会及高级管理层的批准，并进行定期评估和修订。高级管理层应定期审查压力测试结果，在评估资本充足程度时予以考虑，并在管理层和董事会制定的政策和限额中予以体现。

(4) 压力测试应同时具有定量和定性标准，同时考虑由市场动荡引起的市场风险和流动性风险。定量标准应明确商业银行可能会面对的压力情况；定性标准应强调压力测试目标是评估商业银行资本吸纳潜在大额亏损的能力，及寻求可以采取的降低风险及节约资本的措施。

(5) 商业银行应选用最适合其业务规模及复杂程度的压力测试技术，包括敏感性测试和情景测试等。

(6) 商业银行可以根据其组合的持仓规模、结构特点和复杂程度，确定压力情景的具体内容，并涵盖不同的严峻程度。压力情景依其性质可以分为：

① 无须银行模拟的监管要求情景。商业银行应报告其每季度 5 个最大单日损失信息，供银监会审查。损失信息应与其内部计量系统计算出的资本水平相对比。

② 需银行模拟的历史情景。商业银行应分别测试其交易组合在两类历史情景下的表现：第一类是当市场价格发生剧烈波动或市场流动性急剧下降时的历史情景；第二类是当风险因素的相关性和波动率发生极端变化时的历史情景。

③ 商业银行自行设计的反映其交易组合特性的压力情景。商

业银行应根据其自身资产组合特性，自行设计压力测试情景，识别最不利的市场情况。商业银行应向银监会说明其识别和执行此类压力情景的方法，并说明此类情景引发的结果。

(7) 商业银行应制定完备流程以确保进行全面的市场风险压力测试。相关流程应至少包括以下内容：分析交易组合特性及其业务所处的外部市场环境，以确定应在压力情况下进行测试的主要风险因素；设计适当的交易组合压力测试，包括可能的压力事件及情况的具体说明；以文件形式记录压力测试所用的假设及得出有关假设的方法；定期进行压力测试，分析压力测试结果以确定易受影响的环节及潜在风险；向商业银行高级管理层及有关管理人员报告压力测试结果；确定在压力情况下应采取的适当补救措施，以应对压力测试发现的潜在风险；向董事会报告有关压力测试结果及拟采取的补救措施。

(8) 商业银行应根据交易组合特性及外部市场环境的变化，定期审核压力测试方案，评估压力测试所使用的基本假设是否仍然有效。审核应至少包括以下内容：压力测试方案涵盖的风险因素；压力测试是否融入日常风险管理；压力测试程序的核准过程，包括其后作出重大修改的授权；进行压力测试所用持仓数据的准确性及完整性；进行压力测试所用数据来源的一致性、及时性和可靠性；压力测试程序的文档记录的充分性。

9. 报告要求

商业银行获准使用内部模型法计算市场风险资本要求后，应每季度向银监会报告内部模型的运行情况。报告内容至少应包括：模型方法、内容及覆盖面的重大变化，本期返回检验的结果，信息系统及管理层的重大变化，与市场风险有关的新业务开展情况等。

附录 14　操作风险资本计量监管要求

1. 基本指标法总收入定义

总收入为净利息收入与净非利息收入之和。总收入构成说明如附表 14-1 所示。

附表 14-1　总收入构成说明

序号	项目	内容
1	利息收入	金融机构往来利息收入，贷款、投资利息收入，其他利息收入等
2	利息支出	金融机构往来利息支出、客户存款利息支出、其他借入资金利息支出等
3	净利息收入	1-2
4	手续费和佣金净收入	手续费及佣金收入-手续费及佣金支出
5	净交易损益	汇兑与汇率产品损益、贵金属与其他商品交易损益、利率产品交易损益、权益衍生产品交易损益等
6	证券投资净损益	证券投资净损益等，但不包括银行账户"拥有至到期日"和"可供出售"两类证券出售实现的损益
7	其他营业收入	股利收入、投资物业公允价值变动等
8	净非利息收入	4+5+6+7
9	总收入	3+8

2. 标准法实施条件及业务条线归类

(1) 实施条件

商业银行采用标准法，应当符合以下条件：

① 商业银行应当建立清晰的操作风险管理组织架构、政策、工具、流程和报告路线。董事会应承担监控操作风险管理有效性的最终责任，高级管理层应负责执行董事会批准的操作风险管理策略、

总体政策及体系。商业银行应指定部门专门负责全行操作风险管理体系的建设,组织实施操作风险的识别、监测、评估、计量、控制、缓释、监督与报告等。商业银行应在全行范围内建立激励机制,鼓励改进操作风险管理。

② 商业银行应当建立与本行的业务性质、规模和产品复杂程度相适应的操作风险管理系统。该管理系统应能够记录和存储与操作风险损失相关的数据和操作风险事件信息,能够支持操作风险及控制措施的自我评估和对关键风险指标的监测。该管理系统应配备完整的制度文件,规定对未遵守制度的情况进行合理的处置和补救。

③ 商业银行应当系统性地收集、跟踪和分析与操作风险相关的数据,包括各业务条线的操作风险损失金额和损失频率。

④ 商业银行应当制定操作风险评估机制,将风险评估整合入业务处理流程,建立操作风险和控制自我评估或其他评估工具,定期评估主要业务条线的操作风险,并将评估结果应用到风险考核、流程优化和风险报告中。

⑤ 商业银行应当建立关键风险指标体系,实时监测相关指标,并建立指标突破阈值情况的处理流程,积极开展风险预警管控。

⑥ 商业银行应当制定全行统一的业务连续性管理政策措施,建立业务连续性管理应急计划。

⑦ 商业银行负责操作风险管理的部门应定期向高级管理层和董事会提交全行的操作风险管理与控制情况报告,报告中应包括主要操作风险事件的详细信息、已确认或潜在的重大操作风险损失等信息、操作风险及控制措施的评估结果、关键风险指标监测结果,并制定流程对报告中反映的信息采取有效行动。

⑧ 商业银行的操作风险管理系统和流程应接受内部独立审

查，内部审查应覆盖业务部门活动和全行各层次的操作风险管理活动。

⑨ 商业银行应当投入充足的人力和物力，支持在业务条线实施操作风险管理，并确保内部控制和内部审计的有效性。

⑩ 商业银行的操作风险管理体系及其审查情况应接受银监会的监督检查。

(2) 业务条线归类原则

① 商业银行应当根据总收入定义，识别出符合总收入定义的会计子科目和核算码。

② 商业银行应当将被识别为符合总收入定义的子科目按照其所记录的业务活动性质逐项归类至适当业务条线。

③ 若出现某个业务活动涉及两个或两个以上业务条线时，应归入 β 系数值较高的业务条线。

④ 商业银行应当规定所有符合总收入定义的会计子科目的分配方案。

⑤ 商业银行业务条线总收入应符合以下要求：

• 商业银行计算的各业务条线的总收入之和应等于商业银行的总收入。

• 商业银行计算业务条线净利息收入时，应按各业务条线的资金占用比例分摊利息成本。

⑥ 商业银行将业务活动归类到上述业务条线时，应确保与信用风险或市场风险计量时所采用的业务条线分类定义一致，如有差异，应提供详细的书面说明。

⑦ 商业银行应当书面记录所有业务条线的总收入归类明细，如附表 14-2 所示。

附表 14-2　业务条线归类目录

1级目录	2级目录	业务种类示例
公司金融	公司和机构融资	并购重组服务、包销、承销、上市服务、退市服务、证券化，研究和信息服务，债务融资，股权融资，银团贷款安排服务，公开发行新股服务、配股及定向增发服务、咨询见证、债务重组服务、财务顾问与咨询，其他公司金融服务等
	政府融资	
	投资银行	
	咨询服务	
交易和销售	销售	交易账户人民币理财产品、外币理财产品、在银行间债券市场做市、自营贵金属买卖业务、自营衍生金融工具买卖业务、外汇买卖业务、存放同业、证券回购、资金拆借、外资金融机构客户融资、贵金属租赁业务、资产支持证券、远期利率合约、货币利率掉期、利率期权、远期汇率合约、利率掉期、掉期期权、外汇期权、远期结售汇、债券投资、现金及银行存款、中央银行往来、系统内往来、其他资金管理等
	做市商交易	
	自营业务	
	资金管理	
零售银行	零售业务	零售贷款、零售存款、个人收入证明、个人结售汇、旅行支票、其他零售服务
	私人银行业务	高端贷款、高端客户存款收费、高端客户理财、投资咨询、其他私人银行服务
	银行卡业务	信用卡、借记卡、准贷记卡、收单、其他银行卡服务
商业银行	商业银行业务	单位贷款、单位存款、项目融资、贴现、信贷资产买断卖断、担保、保函、承兑、委托贷款、进出口贸易融资、不动产服务、保理、租赁、单位存款证明、转贷款服务、担保/承诺类、信用证、银行信贷证明、债券投资(银行账户)、其他商业银行业务
支付和结算〔注〕	客户	债券结算代理、代理外资金融机构外汇清算、代理政策性银行贷款资金结算、银证转账、代理其他商业银行办理银行汇票、代理外资金融机构人民币清算、支票、企业电子银行、商业汇票、结售汇、证券资金清算、彩票资金结算、黄金交易资金清算、期货交易资金清算、个人电子汇款、银行汇票、本票、汇兑、托收承付、托收交易、其他支付结算业务

（续表）

1级目录	2级目录	业务种类示例
代理服务	托管	证券投资基金托管、QFII托管、QDII托管、企业年金托管、其他各项资产托管、交易资金第三方账户托管、代保管、保管箱业务、其他相关业务
	公司代理服务	代收代扣业务、代理政策性银行贷款、代理财政授权支付、对公理财业务、代客外汇买卖、代客衍生金融工具业务、代理证券业务、代理买卖贵金属业务、代理保险业务、代收税款、代发工资、代理企业年金业务、其他对公代理业务
	公司受托业务	企业年金受托人业务、其他受托代理业务
资产管理	全权委托的资金管理	投资基金管理、委托资产管理、私募股权基金、其他全权委托的资金管理
	非全权委托的资金管理	投资基金管理、委托资产管理、企业年金管理、其他全权委托的资金管理
零售经纪	零售经纪业务	执行指令服务、代销基金、代理保险、个人理财、代理投资、代理储蓄国债、代理个人黄金业务、代理外汇买卖、其他零售经纪业务
其他业务	其他业务	无法归入以上8个业务条线的业务种类

注：为银行自身业务提供支付结算服务时产生的操作风险损失，归入行内接受支付结算服务的业务条线。

3. 高级计量法实施条件和计量规则

商业银行使用高级计量法，应符合本附录规定的标准法实施条件外，以及在治理结构、数据处理、模型建立和计量等方面的要求。

(1) 治理结构

① 商业银行的操作风险计量应成为操作风险管理流程的重要组成部分，相关计量体系应能促进商业银行改进全行和各业务条线的操作风险管理，支持向各业务条线配置相应的资本。

② 商业银行应当根据《商业银行资本管理办法（试行）》附件 16 的要求，建立对操作风险资本计量系统严格的独立验证程序。验证应包括操作风险高级计量模型及支持体系，证明高级计量模型能够充分反映低频高损事件风险，审慎计量操作风险的监管资本。商业银行的操作风险管理系统和流程应接受第三方的验证，验证应覆盖业务条线和全行的操作风险管理，验证的标准和程序应符合本办法的规定。

(2) 数据处理

商业银行操作风险计量系统的建立应基于内部损失数据、外部损失数据、情景分析、业务经营环境和内部控制几个基本要素，并对其在操作风险计量系统中的作用和权重做出书面合理界定。上述几项基本要素应分别至少符合以下要求：

① 部损失数据

- 商业银行应当具备至少 5 年观测期的内部损失数据。初次使用高级计量法的商业银行，可使用 3 年期的内部损失数据。

- 商业银行应当书面规定对内部损失数据进行加工、调整的方法、程序和权限，有效处理数据质量问题。

- 商业银行的内部损失数据应全面覆盖对全行风险评估有重大影响的所有重要业务活动，并应设置合理的损失事件统计金额起点。

- 商业银行操作风险计量系统使用的内部损失数据应与本附录规定的业务条线归类目录和损失事件类型目录建立对应关系。

- 商业银行除收集损失金额信息外，还应收集损失事件发生时间、损失事件发生的原因等信息。

- 商业银行对由一个中心控制部门（如信息科技部门）或由跨业务条线及跨期事件引起的操作风险损失，应制定合理具体的损失分配标准。
- 商业银行应当建立对损失事件的跟踪和检查机制，及时更新损失事件状态和损失金额等的变化情况。
- 商业银行应当收集记录没有造成任何损失影响或带来收益的事件，此类事件可不用于建模，但应通过情景分析等方法评估其风险及损失。
- 商业银行对因操作风险事件（如抵押品管理缺陷）引起的信用风险损失，如已将其反映在信用风险数据库中，应视其为信用风险损失，不纳入操作风险监管资本计量，但应将此类事件在操作风险内部损失数据库中单独做出标记说明。
- 商业银行对因操作风险事件引起的市场风险损失，应反映在操作风险的内部损失数据库中，纳入操作风险监管资本计量。
- 商业银行的操作风险内部损失数据收集情况及评估结果应接受银监会的监督检查。

② 外部损失数据

- 商业银行的操作风险计量系统应使用相关的外部数据，包括公开数据、银行业共享数据等。
- 商业银行应书面规定外部数据加工、调整的方法、程序和权限，有效处理外部数据应用于本行的适应性问题。
- 外部数据应包含实际损失金额、发生损失事件的业务规模、损失事件的原因和背景等信息。
- 实施高级计量法的商业银行之间可以适当的形式共享内部

数据，作为操作风险计量的外部数据来源。商业银行之间汇总、管理和共享使用内部数据，应遵循事先确定的书面规则。有关规则和运行管理机制应事先报告银监会。

- 商业银行对外部数据的使用情况应接受银监会的监督检查。

③ 情景分析

- 商业银行应当综合运用外部数据及情景分析来估计潜在的操作风险和可能造成的大额损失。

- 商业银行应当对操作风险计量系统所使用的相关性假设进行情景分析。商业银行应及时将事后真实的损失结果与情景分析进行对比，不断提高情景分析的合理性。

④ 业务经营环境和内部控制因素

商业银行在运用内部、外部损失数据和情景分析方法计量操作风险时，还应考虑到可能使操作风险状况发生变化的业务经营环境、内部控制因素，并将这些因素转换成为可计量的定量指标纳入操作风险计量系统。

(3) 模型建立和计量

① 商业银行用于计量操作风险资本要求模型的置信度应不低于 99.9%，观测期为 1 年。

② 操作风险计量系统应具有较高的精确度，考虑到了非常严重和极端损失事件发生的频率和损失的金额。

③ 商业银行如不能向银监会证明已准确计算出了预期损失并充分反映在当期损益中，应在计量操作风险资本时综合考虑预期损失和非预期损失之和。

④ 商业银行在加总不同类型的操作风险资本时，可以自行确定相关系数，但要书面证明所估计的各项操作风险损失之间相关系数的合理性。

⑤ 商业银行可以将保险作为操作风险高级计量法的缓释因素。保险的缓释最高不超过操作风险资本要求的 20%。

4. 操作风险损失事件统计要求

(1) 操作风险损失事件类型

① 内部欺诈事件。故意骗取、盗用财产或违反监管规章、法律或公司政策导致的损失事件，此类事件至少涉及内部一方，但不包括歧视及差别待遇事件。

② 外部欺诈事件。第三方故意骗取、盗用、抢劫财产、伪造要件、攻击商业银行信息科技系统或逃避法律监管导致的损失事件。

③ 就业制度和工作场所安全事件。违反就业、健康或安全方面的法律或协议，个人工伤赔付或者因歧视及差别待遇导致的损失事件。

④ 客户、产品和业务活动事件。因未按有关规定造成未对特定客户履行分内义务(如诚信责任和适当性要求)，或产品性质、设计缺陷导致的损失事件。

⑤ 实物资产的损坏。因自然灾害或其他事件(如恐怖袭击)导致实物资产丢失或毁坏的损失事件。

⑥ 信息科技系统事件。因信息科技系统生产运行、应用开发、安全管理，以及由于软件产品、硬件设备、服务提供商等第三方因素造成系统无法正常办理业务或系统速度异常所导致的损失事件。

⑦ 执行、交割和流程管理事件。因交易处理或流程管理失败，以及与交易对手方、外部供应商及销售商发生纠纷导致的损失事件。

操作风险损失事件类型目录如附表 14-3 所示。

附表 14-3　操作风险损失事件类型目录

1 级目录	简要解释	2 级目录	3 级目录	编号示例
内部欺诈	故意骗取、盗用财产或违反监管规章、法律或公司政策导致的损失，此类事件至少涉及内部一方，但不包括歧视及差别待遇事件	行为未经授权	故意隐瞒交易	1.1.1
			未经授权交易导致资金损失	1.1.2
			故意错误估价	1.1.3
			其他	1.1.4
		盗窃和欺诈	欺诈/信用欺诈/不实存款	1.2.1
			盗窃/勒索/挪用公款/抢劫	1.2.2
			盗用资产	1.2.3
			恶意损毁资产	1.2.4
			伪造	1.2.5
			支票欺诈	1.2.6
			走私	1.2.7
			窃取账户资金/假账/假冒开户人等	1.2.8
			违规纳税/故意逃税	1.2.9
			贿赂/回扣	1.2.10
			内幕交易(不用本行的账户)	1.2.11
			其他	1.2.12
外部欺诈	第三方故意骗取、盗用财产或逃避法律导致的损失	盗窃和欺诈	盗窃/抢劫	2.1.1
			伪造	2.1.2
			支票欺诈	2.1.3
			其他	2.1.4
		系统安全性	黑客攻击损失	2.2.1
			窃取信息造成资金损失	2.2.2
			其他	2.2.3
就业制度和工作场所安全事件	违反劳动合同法，违反就业、健康或安全方面的法规或协议，个人工伤赔付或者因歧视及差别待遇事件导致的损失	劳资关系	薪酬、福利、劳动合同终止后的安排	3.1.1
			有组织的工会行动	3.1.2
			其他	3.1.3
		环境安全性	一般性责任(滑倒和坠落等)	3.2.1
			违反员工健康及安全规定	3.2.2
			劳方索偿	3.2.3
			其他	3.2.4
		歧视及差别待遇事件	所有涉及歧视的事件	3.3.1

（续表）

1 级目录	简要解释	2 级目录	3 级目录	编号示例
客户、产品和业务活动事件	因疏忽未对特定客户履行分内义务(如诚信责任和适当性要求)或产品性质或设计缺陷导致的损失	适当性披露和诚信责任	违背诚信责任/违反规章制度	4.1.1
			适当性/披露问题(了解你的客户等)	4.1.2
			未尽向零售客户的信息披露义务	4.1.3
			泄露隐私	4.1.4
			强制推销	4.1.5
			为多收手续费反复操作客户账户	4.1.6
			保密信息使用不当	4.1.7
			贷款人责任	4.1.8
			其他	4.1.9
		不良的业务或市场行为	垄断	4.2.1
			不良交易/市场行为	4.2.2
			操纵市场	4.2.3
			内幕交易(用本行的账户)	4.2.4
			未经有效批准的业务活动	4.2.5
			洗钱	4.2.6
			其他	4.2.7
		产品瑕疵	产品缺陷(未经许可等)	4.3.1
			模型错误	4.3.2
			其他	4.3.3
		客户选择，业务推介和风险暴露	未按规定审查客户信用	4.4.1
			对客户超风险限额	4.4.2
			其他	4.4.3
		咨询业务	咨询业务产生的纠纷	4.5.1
实物资产的损坏	实体资产因自然灾害或其他事件丢失或毁坏导致的损失	灾害和其他事件	自然灾害损失	5.1.1
			外力(恐怖袭击、故意破坏)造成的人员伤亡和损失	5.1.2

（续表）

1 级目录	简要解释	2 级目录	3 级目录	编号示例
信息科技系统事件	业务中断或系统失灵导致的损失	信息系统	硬件	6.1.1
			软件	6.1.2
			网络与通信线路	6.1.3
			动力输送损耗/中断	6.1.4
			其他	6.1.5
执行、交割和流程管理事件	交易处理或流程管理失败和因交易对手方及外部销售商关系导致的损失	交易认定，执行和维护	错误传达信息	7.1.1
			数据录入、维护或登载错误	7.1.2
			超过最后期限或未履行义务	7.1.3
			模型/系统误操作	7.1.4
			账务处理错误/交易归属错误	7.1.5
			其他任务履行失误	7.1.6
			交割失误	7.1.7
			担保品管理失效	7.1.8
			交易相关数据维护	7.1.9
			其他	7.1.10
		监控和报告	未履行强制报告职责	7.2.1
			外部报告不准确导致损失	7.2.2
			其他	7.2.3
		招揽客户和文件记录	客户许可/免则声明缺失	7.3.1
			法律文件缺失/不完备	7.3.2
			其他	7.3.3
		个人/企业客户账户管理	未经批准登录账户	7.4.1
			客户信息记录错误导致损失	7.4.2
			因疏忽导致客户资产损坏	7.4.3
			其他	7.4.4

（续表）

1级目录	简要解释	2级目录	3级目录	编号示例
执行、交割和流程管理事件	交易处理或流程管理失败和因交易对手方及外部销售商关系导致的损失	交易对手方	与同业交易处理不当	7.5.1
			与同业交易对手方的争议	7.5.2
			其他	7.5.3
		外部销售商和供应商	外包	7.6.1
			与外部销售商的纠纷	7.6.2
			其他	7.6.3

(2) 操作风险损失数据收集统计原则

商业银行应当根据以下规定并结合本机构的实际，制定操作风险损失数据收集统计实施细则，并报银监会备案。

① 要性原则。在统计操作风险损失事件时，应对损失金额较大和发生频率较高的操作风险损失事件进行重点关注和确认。

② 及时性原则。应及时确认、完整记录、准确统计操作风险损失事件所导致的直接财务损失，避免因提前或延后造成当期统计数据不准确。

③ 统一性原则。操作风险损失事件的统计标准、范围、程序和方法应保持一致，以确保统计结果客观、准确及可比。

④ 谨慎性原则。应审慎确认操作风险损失，进行客观、公允统计，准确计量损失金额，避免出现多计或少计操作风险损失的情况。

(3) 操作风险损失形态

① 法律成本。因商业银行发生操作风险事件引发法律诉讼或仲裁，在诉讼或仲裁过程中依法支出的诉讼费用、仲裁费用及其他法律成本。如违反知识产权保护规定等导致的诉讼费、外聘律师代理费、评估费、鉴定费等。

② 监管罚没。因操作风险事件所遭受的监管部门或有权机关罚款及其他处罚。如违反产业政策、监管法规等所遭受的罚款、吊销执照等。

③ 资产损失。由于疏忽、事故或自然灾害等事件造成实物资产的直接毁坏和价值的减少。如火灾、洪水、地震等自然灾害所导致的账面价值减少等。

④ 对外赔偿。由于内部操作风险事件，导致商业银行未能履行应承担的责任造成对外的赔偿。如因银行自身业务中断、交割延误、内部案件造成客户资金或资产等损失的赔偿金额。

⑤ 追索失败。由于工作失误、失职或内部事件，使原本能够追偿但最终无法追偿所导致的损失，或因有关方不履行相应义务导致追索失败所造成的损失。如资金划转错误、相关文件要素缺失、跟踪监测不及时所带来的损失等。

⑥ 账面减值。由于偷盗、欺诈、未经授权活动等操作风险事件所导致的资产账面价值直接减少。如内部欺诈导致的销账、外部欺诈和偷盗导致的账面资产或收入损失，以及未经授权或超授权交易导致的账面损失等。

⑦ 其他损失。由于操作风险事件引起的其他损失。

(4) 操作风险损失事件认定的金额起点和范围界定

① 操作风险损失统计金额起点。商业银行应当根据操作风险损失事件统计工作的重要性原则，合理确定操作风险损失事件统计的金额起点。商业银行对设定金额起点以下的操作风险损失事件和未发生财务损失的操作风险事件也可进行记录和积累。

② 操作风险损失事件统计范围界定。商业银行应当依据本办法合理区分操作风险损失、信用风险损失和市场风险损失界限，对于跨区域、跨业务种类的操作风险损失事件，商业银行应当合理确

定损失统计原则，避免重复统计。

(5) 操作风险损失事件统计的主要内容

商业银行的操作风险损失事件统计内容应至少包含：损失事件发生的时间、发现的时间及损失确认时间、业务条线名称、损失事件类型、涉及金额、损失金额、缓释金额、非财务影响、与信用风险和市场风险的交叉关系等。